U0506111

消失的古城

王笛 著

清末民初成都的日常生活记忆

社会科学文献出版社
SOCIAL SCIENCES ACADEMIC PRESS (CHINA)

目　录

成都还有味道吗？

——代序

题记： 2018 年 1 月初，"腾讯·大家"以"成都的味道"为主题，安排我与流沙河先生进行对谈，活动结束以后，我把对谈的思路以"成都的味道"为题，写了一篇文章，发表在"大家"上。文章从"成都的味道"入手，对成都这个古城的城市景观、文化和社会生活的剧变，进行了概括性的评述，我想以此作为本书的开篇，真是太恰当不过。

"腾讯·大家"的编辑给我出了一个题目，要我和流沙河老先生对聊"什么是真正的成都味道"，我想了好久，发现要回答这个问题真不容易。

这次参加"腾讯·大家"组织的对话活动，无疑是直接和读者沟通的机会。流沙河老先生是大众喜欢的文化

消失的古城

泰斗，先生在"大家"上的文章，我基本都拜读过，努力向老先生学习通俗化，这次对谈就是一个好机会。老先生总是有好故事，在对成都味道的问题上，我确信我们有许多方面是相通的。

童年时和老先生住同一个院子，他是我父亲的同事，二人又是同年同月同日生，互称"老庚"（看到有媒体对这个活动的报道，显然不知道这个说法，想当然地写为"老根"，就错远了）。老先生的命运坎坷，父亲经常在家讲他的传奇故事。他接受右派劳改回单位后，在四川省文联的图书馆工作，我们一些小孩经常听他讲故事。不敢相信，岁月流逝得这么快，半个世纪竟然已经过去。能够荣幸地和老先生坐在一起，讲成都的故事，真是感慨万分。

对话的主题是成都的味道，我离开成都太久，对成都今天的味道说不出个所以然。我主要想听老先生讲，我在旁边敲敲边鼓。我现在能感觉到成都的味道，但多是童年的记忆，回味的是成都过去的味道。还有一些就是从文献中体会到的成都过去的味道，算是间接的感觉。

真正的成都的味道是什么呢？不是几句话能够说清楚的，也没有一个明确的定义。味道不是一天形成的，一定是长期的过程，一定是从过去流传下来的传统，一定是综合的因素。

味道是很难用语言表达出来的，经常是只可意会，不可言传的东西。我说不清楚今天成都的味道，但是我今天还可以回味过去成都的味道。那种味道，是萦绕在脑海中，时时会在心中翻出来，让人有一点淡淡的怀旧和惆怅。因为很多过去的味道都消失了。

说起成都的味道，一定是和其他城市进行比较的，是有地域差别的。例如，在成都讲吃是懂生活，在北京人看来是庸俗（记得这是成都作家西门媚在她的"食光机"系列中说的）。

成都的味道，也可能是特殊的城乡关系，每天从城外来卖菜的农民，或来谋生的手工匠；也可能是城市面貌，像两层楼的铺面，有围墙的公馆，府南河，城墙，满城和皇城；还有成都的招牌和幌子。如果过去都像今天的某城市那样，要亮出所谓的"天际线"，把各种招牌都拆除，城市哪里还有丰富多彩的面貌呢？

成都的味道还有可能是方言（成都话）、饮食（小吃）、市民文化（生活情调、生活节奏）、气味（火锅味、小吃味、茶叶味、辣椒味）、声音（手工匠、小贩的吆喝），等等。

现在气味还有，但是老成都的声音没有了，代之以街上汽车的喇叭声、商店促销的音乐声，以及跳广场舞的音乐声。我在《街头文化》一书中，是这样描绘这个城市的声音的：

消失的古城

居民们能迅速地辨认出不同小贩和手艺人的叫卖声。一首竹枝词写道:"门外忽来卖货郎,连铃鼓动响叮当。婢供驱使娘弹压,挑拣全凭女主张。"一位老茶客回忆当年买卖旧货小贩抑扬顿挫的吆喝声,记忆犹新:"牙齿,牙齿,金牙齿;手表,手表,烂手表。要不要珍珠?要不要玛瑙?要不要珊瑚?要不要茶壶?……"从早到晚,商贩们在街头来回游走,用他们独特的声调吸引顾客。黎明时分,城市被从茶馆、街边小店、手推车传出的各种杂音和小贩的吆喝声唤醒,街头巷尾到处充斥着"炝豌豆!""豆芽儿!"的叫卖声,这都是一般家庭最普通的菜肴。日出之后,各种各样的小商贩登上了他们的舞台——街头,从而在都市生活的交响乐中开始了他们一天的表演。

味道实际上也包括一种生活方式,一种生活态度。关于成都人的生活方式和态度,人们已经谈得很多了,成都是休闲的,缓慢的,和快节奏的现代化的生活之间,有着明显的区别。

如果要问什么是成都的味道,茶馆就是成都的味道;休闲的生活方式,就是成都的味道;从从容容的生活态度,是成都的味道;居住环境也是成都的味道。小时候居住的大院，前面是布后街和脚板街，听名字就好有味道。改造前的宽窄巷子也很有味道。

味道就是值得品味的东西，可以有很多东西去慢慢体会。一个城市的味道，不同的人，有不同的体会。味道也分人群，如阶级、教育、经济地位、地域、族群、年龄等。

我喜欢过去大慈寺后面的和尚街的味道，但是现在那里变成太古里了。太古里没有成都的味道，但年轻人喜欢。正是这样的新东西正在蚕食传统，但是它也可能是青年人眼中成都的味道。

现在的年轻人，生长在这个国际化、商业化的互联网时代，地方文化对他们的影响十分有限，所以他们眼中的成都味道，一定与我们这一代是不同的。随着时间的推移，他们甚至不一定有"成都文化"这样的认同感。

在好多老成都看来，新东西固然炫目，但是没有成都的味道。这里需要说明的是，我在这次"腾讯·大家"组织的对谈中，提到原来有成都味道的和尚街被推倒，变成了今天的太古里，结果媒体报道都说我认为太古里也是成都的味道，这刚好和我说的意思相反。

对讲究吃的人来说，小吃就是成都的味道；对喜欢输赢的人来说，麻将就是成都的味道；对喜欢古迹的人来说，杜甫草堂、武侯祠就是成都的味道；对喜欢小街小巷的人说，过去的宽窄巷子就是成都的味道；对喜欢闲聊的人来说，茶馆就是成都的味道。不过，现在成都有味道的茶馆越来越少，结果礼失而求诸野，成都彭镇观音阁茶馆经常成为我们回味老茶馆的所在。

人与人之间的关系也可以反映一个城市的味道。过去成都的味道，还在于它的人情味儿，住在铺面和大院的邻里关系密切，日常用品借进借出，老人小孩相互照看，有事无事地闲聊，各家炒菜的味道，一切都自然地融合在一起。但是今天人们搬进了钢筋水泥、封闭的公寓楼，密切的邻里关系消失了。

过去的成都又是一个可以容纳外地人的城市。一个城市有味道，还在于它的包容性，可以把别人的味道，吸收融合为自己的味道。文化总是相互影响和借鉴的，从历史一直到今天都是这样。

一个有味道的城市，绝对是一个可以容忍下层人（特别是外地移民）的城市。成都茶馆就是最好的证明，在那里干活的，几乎都是外县来的人；上层下层都可以使用同一个空间，坐在同一张茶桌旁。

一个城市之所以有味道就是因为它的丰富多彩，包括人群的丰富多彩。如果都是千篇一律，那还有什么味道呢？如果一个城市试图排挤所谓的"低端人口"，所作所为，不仅没有味道，可以说是缺德。

美国城市史大师刘易斯·芒福德说城市是一个有机

体，一个城市的味道，和它的生态有关。但是我们今天的城市，正在变得像一个钢筋水泥做成的大怪物。我们的城市正在失掉活力，乃至生命，甚至还出现了"死城"和"鬼城"。

现在有一种城市审美，什么都是统一，什么都是整齐划一，什么都要宏大（甚至包括一些街道办事处的办公楼都建得十分威严）。这可以称为"社会主义的美学"，是从苏联学来的，大广场，大建筑，整整齐齐，宏伟得令人生畏。如果各个城市都是整齐划一的东西，那肯定是一个枯燥的城市。

我很忧虑的是，我们的城市变化太快。在大约二十年时间内，一座座古城被推倒重建，过去的老城已经不见。最近我看到一组照片和一组油画，都是欧洲一些城市的建筑，100 年以前油画里的这些建筑今天仍然存在，把这些照片和油画放在一起，真是非常震撼的对比！为什么我们对自己的传统，就如此地不珍惜呢？

成都像中国所有其他城市一样，味道越来越淡，文化变得越来越同质。这个现象是与城市的重建联系在一起的。城市住房条件是必须改变的，但是应该怎样改？当然，欧洲的石头房容易保存得多，中国的房屋多是木结构，难以持久留存。不过，看看我们的东邻日本，过去的房屋也是以木结构为主，但是今天到日本京都、奈良，我们可以感觉到独特的味道。我们唐代的木建筑，只有去日本才能看到了。这难道不是我们城市建筑的悲剧吗？

现在的中国，从南到北，从东到西，文化越来越同一。例如，全国古镇都一样，云南的大理古城，四川的黄龙溪，江苏的周庄……都区别不大。过去，一张照片一看就知道是成都，现在不可能了，全国千篇一律。

我刚去云南跑了一趟，真是非常失望：乡村也变得没有了特点，云南农村和川西农村，几乎没有了区别，砖墙铁皮或石棉瓦屋顶房，代替了过去傣家的竹楼，原有的美感没有了。我想不通，为什么过去穷乡僻壤的房屋都有设计感和美感，但是今天哪怕是土豪的豪宅，都那么俗呢？

现在经常是一个地方旧城改造成功，其他地方就纷纷模仿。景观沉沦，没有了视觉的美感，到处都是古镇、音乐广场、大道、老街、步行街、仿古建筑、大屋顶……我们的想象力越来越匮乏。城市发展面临着矛盾，城市设施改善了，但是传统消失了。

怎样解决这些矛盾？我悲观地认为，地方文化的消失是不可逆转的趋势，任何人都不可改变。中国现在的城市管理体制，不仅没有延缓，反而加速了这个进程。如果我们的城市管理者，能够把眼光放远一些，把历史和地方文化的保护放在经济效益和商业发展之前，或许我们还可以留给后人一点有成都味道的东西。

1

成都——三座城墙的城市

传统中国城市几乎都有城墙，但是今天几乎消失了，建筑学家梁思成竭力拯救北京城墙以失败告终的故事，已经广为人知。成都的城墙虽然没有北京的那么有名，但是因为集三座城墙为一城而具有特色。如今，它们都已经远去，仅仅留在了人们的记忆中。

过去的成都城墙是城市中最显要的建筑，环城 22.8 里，有城楼 4 座，城门 4 座，墙厚 1.8 丈，高 3 丈。东西门相距 9.3 里，南北相距 7.7 里。根据同治《成都县志·城池》："乾隆四十八年，四川总督福康安，奏请发帑银六十万两，彻底重修。周围四千一百二十二丈六尺，即二十二里八分。垛口八千一百二十二，砖高八十一层，压脚石条三层，大堆房十二，小堆房二十八。八角楼四，炮楼四，城楼顶高五丈。"

1923 年美国欧柏林学院（Oberlin College）的地理学家乔治·哈巴德（George Hubbard）对成都城墙的描述是："像大多数其他中国城墙一样，这个城墙并无特别之处，但这项工程代表着海量劳力和材料的使用。从外面

消失的古城

成都西门（清远门）城楼。
甘博（Sidney Gamble）摄，1917~1919 年。

看，它是一座底面为 4~8 英尺，顶面约为 2 英尺，有 30~40 英尺高的墙，墙上有齿形缺口，即射击的孔。里面是第二道墙，有 40 多英尺高，没有连接为一体以便于防守时卧倒。这座墙也是用石头和砖做成，但以砖为主。内墙比外墙约矮 6 英尺，且顶部平滑。内外墙之间，土填至内墙的高度并成一定的斜度，上面砌有石板和大块砖。在墙的转角处真可谓一庞然大物拔地而起，外廓以石头和砖覆盖，外墙留有孔道以便射击和观察敌人。"

城墙是成都最高的建筑，站在上面可鸟瞰全城，"屋顶覆盖每一寸土地，犹如一片海洋，尽收眼底"。城墙起着保护城市和控制其居民的双重作用，但是与其修筑的初衷大相径庭的是，城墙还成为大众娱乐的场所。除了人们经常把城墙作为他们的日常活动空间外，成都的许多节日和庆典活动都在城墙上举行。

城墙远眺成都城。
那爱德（Luther Knight）摄，1911 年。

在整个清代，四个城门是成都与外界联系的唯一通道，东门称"迎辉"，南门称"江桥"，西门称"清远"，北门称"大安"。四个城楼也分别有名称，东门城楼称"博济"，南称"浣溪"，西称"江源"，北称"涵泽"。地理学家章生道曾研究中国城门的文化含义，指出东、南、西、北门分别与春、夏、秋、冬四季相联系，南门象征着温暖和生命，北门却代表着寒冷和死亡，盛大的庆典和仪式总是在南门或南郊举办，北门或北郊却与军事有关。城门通常在黎明开启，在晚间关闭，门卫盘查过往行人。关闭城门的时间随时代的推移也有变化，从傍晚6点半延到7点半，再延至11点。1928年以后，城门在夜间不再关闭。

成都城市布局的独特之处在于其大城之内另有两个小城——满城和皇城，而且这两个小城都有自己的城墙。一首竹枝词描述了从市中心的鼓楼眺望所观："鼓楼西望满城宽，鼓楼南望王城（即皇城）蟠。鼓楼东望人烟密，鼓楼北望号营盘。"满城坐落在成都西半部，为满营驻地和满人聚居处，据晚清文人傅崇矩的观察，满城的形状有如蜈蚣：将军帅府，居蜈蚣之头；大街一条直达北门，如蜈蚣之身；各胡同左右排比，如蜈蚣之足。那个时候的满城，"景物清幽，花木甚多，空气清洁，街道通旷，鸠声树影，令人神畅"。

英国女旅行家I. 伯德（Isabella Bird）在19世纪末到达成都时，她"从西门进入，穿过宏伟城门和绿树成荫的路，来到满城。满城是一个空旷的、到处是有围墙的菜园、树林环绕的地区，房屋大而破旧。街上的一些商店招牌写有满文"。

处于成都市中心的皇城是汉朝遗址，明代时重建，为另一座城墙和御河环绕。皇城的北门称"后子门"，东门称"东华门"，西门称"西华门"，南门为正门。我核

虽然地图上满城的城墙已经被拆了，但是蜈蚣
虫形的街道布局还没有变

消失的古城

英国旅行家 I. 伯德

对了手头所有资料，包括一些旧地图，没有发现南门的名
字。在一些旧地图中，南门仅仅被称为"皇城"。但是，
在明朝，南门又被称为"端礼门"。一首 19 世纪中期的
竹枝词称："蜀王城上春草生，蜀王城下炊烟横。千家万
家好门户，几家高过蜀王城？"皇城中心是贡院，三年一
次的乡试便在此举行。

　　皇城城墙为矩形，也有四个城门，显出历尽沧桑的古
旧气派。正门前有一巨大的石牌坊，上有康熙皇帝手迹
"为国求贤"四个大字。

**辛亥革命爆发后，皇城里人潮涌动。
那爱德摄，1911 年。**

　　在清覆灭之后，是保留还是拆毁城墙成为人们经常讨论的焦点问题。在争论过程中，城墙一般被认为是"落后"的象征，经过晚清和民国初期的改革和重建，成都大城和少城的旧城墙都遭到了巨大的破坏。随着人口的增长，四个城门已无法承担起交通枢纽的重任。人们开始抱怨城墙的种种弊端，有些人甚至认为旧城墙成为城市发展的障碍，他们的理论是：文明各国，大都无城墙，拆了城墙，有利于交通，促进商业发展。他们认为城墙是"闭关自守时代"的产物。这种认识，是与当时人们"新亦优"、"旧亦劣"的观念共存的，所以这种主张得到很多人的支持。有人提出成都至少需要八个城门，还有人建议拆除所有的城墙。

1913 年，位于西较场附近的通惠门（又称新西门）开凿了，它沟通了青羊宫和少城公园这两个成都最重要的公共场所，并由此开启了城墙消亡的历程。城墙的其他部分也被凿开，允许人们进出。1915 年，位于东较场的武城门建成（又称新东门），连接上莲池街和下莲池街的复兴门（又称新南门）也于 1939 年打通。

成都各城墙和城门分布，作者绘

1913 年开凿的通惠门。
谢立山（Alexander Hosie）摄，1914 年。

除了城市建设对城墙的巨大破坏外，市民也为进一步毁坏这个古迹助了一臂之力。偷城墙砖的活动可以说是在日夜进行，城墙成为人们取得建筑材料的最佳场所。旧城墙被挖得千疮百孔，几乎没有人理睬它在那里垂死呻吟。城墙中有许多从汉代到明代的古砖，上面饰有美丽的浮雕。因而，所有的人，不论是居民、士兵还是军阀，也不论是合法还是不合法，都把古城砖拿回家去建房、铺街或修下水道。那些达官贵人更是贪婪地将城砖运回去装饰他们富丽堂皇的宅邸。

消失的古城

　　1913 年，在开凿通惠门的同时，城市当局拆除了少城的城墙，将"大城"和"小城"连接起来。1917 年的巷战，二千多名士兵占领了皇城，并把它当作堡垒使用。

　　不过在民国时期，皇城最终还是逃脱了被拆毁的厄运，1917 年四川省政府进驻此地，后来好几所学校又搬了进来。1919 年，四川省政府及时阻止了皇城的拆除工作，并将其列为历史古迹。皇城又苟延残喘了半个世纪，直到在"文化大革命"中被完全拆除。它虽然在战争的炮火中幸存下来，却在思想的"革命"中被彻底摧毁。当今天我们经过成都人民南路广场，看到模仿人民大会堂的方形宏大建筑和毛泽东挥手的巨型塑像，有多少人会知道那就是有上千年历史的皇城遗址，又有谁会为之发出一声遗憾的叹息？成都城墙的坎坷经历，折射出这座城市所经历的政治、经济和社会的变迁，也反映出传统的生活方式日渐消失的必然命运。

2

中国城市的自治传统

  法国著名年鉴学派史学大师布罗代尔（Fernand Braudel）在力图回答"什么是欧洲的不同之处和独具的特点"问题时，认为是欧洲城市"标志着无与伦比的自由"和发展了一个"自治的世界"。过去中外历史学家普遍认为，传统中国是一个中央集权的国家，因此中国城市被国家权力紧密控制，人们没有任何自由。然而，如果我们进入一个中国城市的内部、深入城市的街头和邻里，我们会看到实际上市民们有着相当程度的自由，并非通常理解的完全被控制。现代市政设施在中国城市出现以前，街头成为邻里或社区最基本的单位。"街"的概念（如"街坊"、"街邻"、"街众"等）在人们之间培育了"邻里纽带"，强化了人们的城市共同体意识。

  传统中国城市缺乏正式的市政管理机构，由此而产生的地方自治使社会各个阶层的成员都能较为平等地使用公共空间。普通民众在街头自由从事各种休闲和商业活动，与他人分享诸如街头巷尾、广场、庙宇、桥头、茶馆这样的公共空间。街头主要由邻里组织和保甲系统控制。街首和保正、甲正等头面人物从居民中挑选，尽管有时他们也代表政府履行一些诸如治安等"官方"职责，但他们不是城市管理机器中的正式官员。清朝的地方政府很少直接参与城市的控制，这种管理模式对城市日常生活产生了深刻的影响。那些由街区邻里组织的活动清楚反映了社区认同和自我控制的程度。正是因为精英没有官的头衔和权威，他们在管理公共空间方面的作用相当有限，其结果便是街头生活事实上并未受到太多的局限，这与过去我们对中国城市的"常识性理解"相去甚远。

是什么因素导致有清一代中国城市缺乏市政管理？其根源甚多，但最根本的原因是当时的政府结构。衙门的正式官员有限，无法满足控制辖区内庞大而分散人口的需要。例如，晚清巴县（即今天的重庆）只有两百多个衙吏，但总人口超过了 99 万。另外我们还应该注意到，绝大多数这些衙吏实际上是"差役"，只是县衙雇用的跑腿，诸如壮班、快班、皂班、收发、值堂、跟班等，并非能司其责的官员。因此政府机构只能用于处理最重要、最紧急的事务，诸如地方的税收、犯罪、治安等问题。但即使在这些问题上，地方政府也甚感力不从心，根本无法把它的触角深入社会基层，而不得不依靠地方精英来组织社会生活和进行社区控制。其实，直到 20 世纪初警察的设立，国家权力都基本没能触及城市最基本的层面，市民享有相对较高的自治权，他们可以根据自己的需要在一定的程度上自由地使用城市的公共空间。

在过去的中国城市，人们的社会生活局限于一个相对狭小的范围之内，以家庭、邻里（或街道）为单位参与城市社会的各种活动，由邻里和社区组织的活动强化了城市居民之间的社会联系。在中国城市社会里有着各种自治组织承担着各种公共的庆祝活动，根据哈佛大学人类学家华若碧（Rubie Watson）的研究，宗祠——无论在城市还是在乡村——不仅是宗族举行仪式的中心，而且是社区生活的重要部分。但是在有的城市，例如成都，宗祠的活动并未延伸到社区，而社区组织却扮演了重要角色。

如果说祖先崇拜是家庭中最重要的仪式，那么神的崇拜对社区却至关重要。神的崇拜一般有两种形式：个人和集体。对前者来讲，人们希望无所不能的神能保佑他们；而对后者来说，社区成员参加神的生日庆祝，则反映了社区认同，因此拜神成为一个社区的集体活动。这个活动主要是提供祭品和组织演戏。社区或宗族组织戏曲和木偶戏，为神和街民表演，这种活动便是社会共同体和谐的一种表现。一些城市的主要街道由街的栅门分为若干段街区，每年每区轮流负责组织敬神活动，各户都参与其中。以街道为单位的庆典活动实际存在于中国各个地方，只是可能它们组织的方式各有特点罢了。

消失的古城

　　作为四川省城的成都实际上也是一个高度自治的社会，市民在由地方精英引导的非官方组织的社会中生活。在成都，街道不仅满足交通、商业和娱乐需要，而且是邻里凝聚的基本单位。精英卷入社区生活的各个方面，从节日庆祝、公共卫生到慈善事务、道路维修。在一定程度上，街道连接着社会生活，成都街道的结构促成了这样一种凝聚力。在清代，据晚清知县周询的《芙蓉话旧录》，成都被划分为若干区，每区有一"领役"总司该区事务，下设"街班"负责一条或若干条街的民事，另有"海察"维持治安。这些人多为袍哥成员，对社会颇有控制力，加之"其时承平日久，四民各安其业，盗贼颇稀"。成都各街两头都有栅子，由一个栅夫看守，负责夜间关闭，清晨开启。此外各街还雇有更夫守夜。居住在同一条街的人有一种特殊的"情结"，或许可称为"街坊情结"，人们相互视为"街坊邻居"，经常互相帮助。他们的关系是如此的密切，以至于人们常说"远亲不如近邻"。

　　许多庆典和仪式都源于这种社区意识。这些活动的举行可以有各种动因：民间传统、大众娱乐、黄道吉日、宗教仪式等。例如，农历一月十六日成都民众参加"游百病"活动，将民间传统与公共娱乐结合起来，以此除病去灾。游百病须登高，但成都没有山，市民们便登城墙，由此又吸引许多小贩、算命先生、卖打药者在城墙上摆摊。人们的广泛参与既反映了对疾病的恐惧，亦显示出对公共活动的渴望。从其结果来看，这项活动既是社会交往又是身体锻炼。农历五月初五端午节是一个更大范围内进行公众娱乐的社区庆祝活动日。节日期间，人们在门上挂中草药以赋予其祛邪的愿望，社区组织龙舟竞渡，年轻人参加江中的捕鸭比赛，市民们还在东较场举行"打李子"（即互相投掷李子）的狂欢。据一个传教士的回忆，1895 年的端午节，"估计有六万人参加东较场的打李子活动，那里犹如一个战场"。妇女小孩都穿着鲜艳，站在城墙上观看活动。

人们在清明举行传统的"城隍出驾"仪式，抬着城隍的塑像穿过街头，这个活动每年春天由社区组织，社会各阶层，从地方官、精英到普通市民，甚至乞丐都广泛参加。据传教士的观察，"城隍出驾时，成千上万的人都出来观看"。同时用纸给"孤魂"做衣服，人们抬着这些纸衣在街上穿行，送到城外的坟地焚烧，称"寒衣会"、"赏寒衣"或"赏孤"。农历十月一日，城隍再次"出驾"。不少竹枝词记载了这个活动，其一：

北郭城隍神至尊，

清明旧例赏孤魂。

游人欢喜买欢喜，

几串携回媚子孙。

消失的古城

其二：

> 驾出三神万众观，
> 北门门外赏孤酸。
> 年年到得寒衣会，
> 穷鬼齐添一段欢。

其三：

> 寒风十月念泉台，
> 五色楮衣费剪裁。
> 送去不愁强鬼夺，
> 三城隍按北关来。

马克斯·韦伯（Max Weber）注意到宗教形象在中国城市生活中的重要作用，"充分发展的古代和中世纪城市中最为重要的是其联谊组织。因此，作为一个通例，这些城市都有相应的宗教对象为市民所崇拜，城隍便是市民通常的崇拜物"。在传统中国城市中，城隍庙是很普遍的，然并非每个城市都有城隍庙。城隍庙一般仅建在行政中心，例如汉口是华中的中心城市但并无城隍庙，而成都却是集三个城隍庙为一城，即在大墙西街的都城

晚清成都的城隍出驾活动。《通俗画报》，1909 年。

隍庙、下东大街的府城隍庙和簸箕街的县城隍庙，因为
成都是省府、府城和县治的所在地。这些庙宇不仅是宗
教仪式的举行地，也是娱乐场所。除来烧香的善男信女
外，算命先生、小贩、江湖郎中等都在此活动。市民视
城隍为其保护神，地方官也支持城隍崇拜。在成都，我
们发现虽然政府和官方参加城隍出驾的活动，但游行和
表演的形式与其他大众宗教仪式并无本质不同，而且整
个活动也是由"城隍会"这个自发机构来组织的，这种
仪式成为大众娱乐的一种形式。

在成都，清明节的活动可能最能反映出社区的认同。

消失的古城

社会人类学者研究过清明节日庆祝的意义。根据孔迈隆（Myron Cohen）对华北的考察，地方宗族组织"清明会"以举行各种仪式，这种庆祝活动强调的是宗族控制，清明会使宗族行为成为一个整体。但在成都，类似的组织是"清醮会"（又称"土地会"），它们不是由宗族而是由社区组织的，负责筹办清明节拜土地神的活动。这些会几乎都是道教性质，传教士称之为"感恩会"（thanksgiving society），认为它们的庆祝活动是"感恩于邻里的安宁"。会首由本街居民选举产生。

每年春天清明节之前，土地会都要集资雇道士打清醮，虽然会首会借机谋点私利，"但人们的兴趣在于借此机会在街上开怀寻乐"。庆祝活动一般要举行七天，在此期间从早到晚锣鼓声不绝于耳。一般来说，附近几条街共同承担费用并共建一个祭坛。较富裕的街道还会放火炮——又称"演灯彩"，雇木偶或皮影戏班子在街上助兴，并以敬土地神为名大摆筵席，其真实目的是集街众热闹一番。一首竹枝词生动地描述道：

> 福德祠前影戏开，
> 满街鞭爆响如雷。
> 笑他会首醺醺醉，
> 土偶何曾饮一杯？

**晚清成都的街头木偶戏。R. 戴维森（Robert Davidson）
和梅益盛（Isaac Mason）摄，1905年。**

土地会不仅仅是社会共同体内人们精神生活的组织
者，而且在人们日常物质生活中扮演着重要角色。在清明
节期间，土地会组织居民清理阴沟，掏挖水塘。成都由于
周围环江且有河道横穿城市，虽然这提供了便宜的水运和
迷人的景色，但由此也带来了常发的水患。因而成都修有
数十个池塘，如上莲池、下莲池、王家塘和马王庙塘等，
以存积雨水和废水。清掏工作必须每年进行，否则在雨季
将导致水灾。然而在民国时期，地方政府控制了社区的公
共生活，剥夺了土地会的组织之权，这项事务便无人理

睐，许多阴沟池塘年久淤积、坏损，逐渐废弛。再加之人口增长，城市生态的恶化导致灾害的频仍。如 1914 年春天，城西北部和少城遭灾，街道成为"运河"，以致人们以门板浮在水面当交通工具。关于这年的大水有许多详尽的记载。同年夏天，成都居民遭受更为严重的水灾，街上水流成河，一些街道水深达数尺。沿东南城墙及满城等地的房屋被淹。在水陆交通枢纽东门码头，人们可见各类物品漂流而下，若干艘船被浪掀翻，十余人溺死。沿河住民都慌忙迁往高处避难，渡船成为街上唯一的交通工具。人们看到仅一天之内，便有三十余具尸体从九眼桥下漂过，此外各种房屋碎片、家具、木材、箱子、衣物甚至家畜等都顺流而下。水灾还导致部分城墙崩塌，靠墙住家多有死伤。

在晚清新政和辛亥革命之后，虽然土地会的影响逐渐降低，但许多事务，诸如公共卫生、赈济、慈善等活动仍多由自治组织负责。慈惠堂、济贫会等慈善机构在社会福利、道路维修、清扫街道等公共事务中非常活跃。如果说土地会主要在其街区和邻里范围内活动，那么慈善团体则有更大的影响范围。开粥厂是它们最主要的责任之一，每当有饥馑出现，即立灶煮粥分发穷人。当自然灾害发生，社会共同体仍起着积极的作用。如在 1914 年夏的水灾中，当少城被淹，大量人家不能生火做饭，许多小贩也失去生计，慈善团体便挨家挨户登记灾情，向其捐钱并分发锅魁；当米价上涨而米店囤积居奇时，慈善团体在少城新开一米市以避免米价疯涨；当南门至东门的路失修，雨天泥泞，晴天尘土飞扬，也是慈善团体集资修路。在这个时期，街首仍然扮演着组织社区生活的角色。

在晚清，像上海、汉口、重庆等大城市，会馆和行会是组织经济和社会生活的最重要的社会机构。在上海，会馆卷入社区从经济到娱乐的各项活动；在汉口，行会的事务和权力远远超过对会员和贸易的管理；在重庆，"八省首事"扮演着半官方的角色，负责税收、慈善和其他社会事务。与这些城市不同的是，虽然成都有许多会馆和行会，但它们的活动大多局限在商业事务，而组织社会生活则是由土地会和慈善会来承担的。它们作为一个社会单位，在人们的日常生活中扮演着比其他任何组织都更为重要的角色。随着中国城市现代化的发展，社会自治组织的各种功能逐渐被取代。

3

老成都的邻里关系

随着城市的现代化，越来越多的居民住进了高楼，邻里间很少交往和互动，甚至和住隔壁、对门的人家没有任何交集，也是非常普遍的。毫无疑问，居住模式的改变，使中国传统城市社会中的那种紧密的邻里关系，正在一天天消失。

在中国城市中，"街"是人们共用的公共空间，经常与"邻"和"社"的概念联系在一起。这三个词非常接近，有时相互重叠或紧密联系。它们都具有物质空间和抽象观念的内涵，它们都涉及人们所居住的特定范围。

在中文词典中，"街"的定义是"两边有房屋的道路"，与"街道"完全相同。由"街"构成了许多其他词，诸如"街坊"、"街市"、"街头"、"街头巷尾"等，在历史的语境中，其含义远远超出位置和空间，而经常体现居住在这一区域的人与人之间，以及人与空间之间的关系。

如果说"街"一般是指一种物质性的空间，那么"邻"和"社"虽也具空间之含义，然则更多地表现的是一种社会关系。"邻"的通常定义是"居住在附近的人家"，并发展出"邻里"和"邻居"等词语。

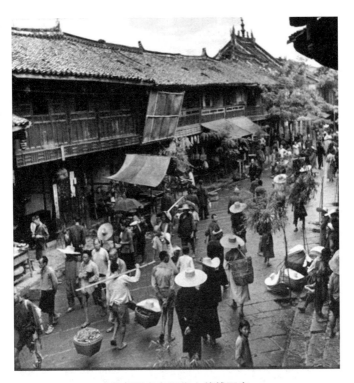

成都郊区龙泉驿街上的铺面房。
C. 麦登斯（Carl Mydans）摄，1941 年。

"社"有两个基本含义：在古代，社是祭祀土地
（神）的地方；在今天，社是组织化的结构。前者的含义
发展成为"社会"和"社区"。更准确地说，中文的"社
区"则表示一个包括许多街道和邻里的区域，以及居住
在其中的人们。正如《韦氏词典》（ *Webster's Dictionary* ）
对 community 的定义中所说："那些享有同样权力、权利

或利益，居住在同一地区受同一法律和规章管束的人们。"总而言之，从街道、邻里到社区，是一个空间含义逐渐减弱而文化含义逐渐增强的过程。

成都以及中国城市的居住模式，过去便与西方有明显的差别。根据法国年鉴学派大师布罗代尔在其著名的《1400～1800 年的资本主义与物质生活》中的描述，在早期近代欧洲，像热那亚、巴黎、爱丁堡等城市都"朝着垂直方向扩张"，即在这些城市里，房屋总是尽量往天空伸展，多达五层、六层、八层乃至十层。而在过去的中国城市里，房屋多平行扩展，一般是一层或两层，人们的住家与街面经常只有一个门槛之隔，因此街头的商业活动很容易与市民的日常生活联系在一起。

油画中的前现代巴黎。尼古拉斯·让·巴普蒂斯特（Nicolas Jean Baptiste）作，1756 年。

成都居民把街头作为他们日常生活的空间，他们的房子接近街头，因此他们的日常生活经常就发生在街头。成都居民的住所有公馆、陋室和铺面三种类型。公馆一般坐落在城北和城南，有围墙和门房，大多是富户和大家族居住，巴金的《家》便对这种公馆有细致的描述。有的大家族败落以后，公馆也被多个家庭共住，这种公馆多称"大杂院"。陋室散布全城各处，但大多集中在西城，为下层人们的住所。

沿街的房屋称"铺面"，许多是底层作店铺，二层作住家。但铺面里亦有大量的一般住家户。他们不用走远便可到街头市场购物，许多日用品甚至仅需跨出门槛，在街檐下的货摊上便可得到。一位旅居成都多年的英国人徐维理（William Sewell）写道，每天晚上，在他所住的"小巷两旁已打烊的商铺前有许多小摊，都点着一盏昏暗的油灯，橙子和花生整齐地码成一堆，香烟可成双成单地卖"。

铺面则在每一条街道的两旁，或为民居，或出租给店铺，在东城商业区这种房屋多用作店铺。住在铺面人家的小孩，基本上就是在街面上长大的，那里就是他们的游乐场，所以成都方言里，在社会底层长大的小孩甚至被叫作"街娃（儿）"。

住在街道两旁的人们在他们的门口和街边从事各种活动。如果他们有事找邻居，只要跨出门槛便可。不管是日

消失的古城

作者摄于 2001 年 10 月，大慈寺后面的和尚街，该照片显示当时
成都市民仍然以街头作为市场，从照片中可看到自行车既是
运输工具，也是卖菜人的货摊子，这些卖蔬菜和肉的摊子
就摆在居民住家的屋门口。左边还有一个"治鸡眼"的
幌子。现在这个地方已经变成了豪华的"太古里"了。

常事务，还是紧急情况，他们都可以很快请到邻居帮忙。
邻居之间一般的日常用品也可以借进借出。如果哪位居民
感到无聊，他只要走出门就可以与邻居们闲聊。在街边的
住户基本不存在隐私，为了方便进出，也为了让阳光和新
鲜空气进入光线不足的内屋，面朝街道的门总是开着，好
奇的路人也可以瞥一眼屋里的风光。

　　这种状态基本维持到改革开放后城市大拆迁之前。
一个朋友告诉我，他小时候住在单位大院里面，上小学
时，不过十几分钟的路程，他几乎要走半个小时到一个

**街角玩耍的小孩。他们可能是慈善堂收养的小孩，在慈善堂工人的
照看下，他们在冬日的阳光下嬉戏。照片显示了成都
典型的高墙院落。那爱德摄，1910 年。**

小时，特别是放学的时候，沿街一家一户，他都觉得好
奇，会停在门口，看别人家里的生活。几年下来，对沿
街每家每户的情况，家里有多少人，起居有什么规律，
喜欢做什么饭，经济状况好不好，夫妻关系是否和
谐……都了如指掌。

　　普通市民是成都街头的主要占据者，由于缺乏官方控
制，街头为日常生活、社会交往以及谋生提供了许多机
会。普通民众能够通过各种各样的方式谋生。生活条件

消失的古城

差、休闲设施缺乏的人们，在街头巷尾或简陋的茶馆等公共场所，可以找到廉价的娱乐方式。

在 19 世纪西方的工业城市，按照著名社会学家桑内特（Richard Sennett）在其名著《公共人的衰落》中所说的，由于工作场所与居住地的间隔，在那里"住在城里不同社区的人们过着不同的生活"。但是在成都以及其他中国城市中，下层居民生活和做工经常是在同一区域里，他们在日常生活中接触密切，逐渐形成了相互依赖的人际关系。

在邻里或街道上，人们彼此认识，遇到不认识的陌生人他们就会仔细地观察和打量。在这些地方信息也易于传播。在过去的街坊，哪家哪户有任何事情发生，无论好坏喜忧，瞬间便可传遍整个街区。人们之间几乎不存在什么隐私。正是这样的亲密关系，给居民们提供了一种安全感。

居民们对小贩和工匠上门找生意并不感到烦恼。人们只需走几步就能到街头摊点、茶馆、小店和理发店，这些地方不仅提供日用品，满足居民的日常需要，而且是社会交往中心，人们在那里互通信息。晚清成都有六百多个茶馆，六百多个理发铺，这些加上街头巷尾，便是人们社交和传播小道消息的好去处。

在这种生活模式下，人们互相信任，相互帮助，一

晚清西方传教士所摄成都街边剃头匠。
这些流动剃头匠可以在街边提供服务。
戴维森和梅益盛摄，1905 年。

个院子共用的水井，就是人们边洗东西、边聊天的社交
场所。如果家长有事出门，可以放心地把小孩交给邻居
看管；上班的人经常把钥匙交给邻居，便于家人回来进
门……他们和附近的劳工、小贩也很熟悉。小贩在门口

卖东西吆喝，他们也不会感到厌烦。

　　成都市民的日常生活非常依赖挑水夫，由于井水含碱量比较高，不适于饮用，市民饮用水必须从城外的河中取来，很多穷人用扁担挑着两个木桶，以运水为生。茶铺、饭馆以及家庭都需要这种服务。在清末成都，上千名这样的劳动者每天从河里挑水，外加四百多人从两千五百多口水井中取水，把饮水和用水送到人们家中。几乎每条街上都可见他们挑水所洒下的水迹和汗迹，人们可以看到他们古铜色的流着汗水的后背，有节奏地闪进千家万户。

　　这些水夫将这个行业的一些优良传统保留了下来。成都的老人今天回忆起挑水夫仍充满感情和美好记忆。当代著名作家何满子抗战时住在成都，他回忆道，挑水夫多不穿鞋，这并不是他们为省下鞋钱，而是他们的"职业道德"使然，因为赤着脚，他们便能走到河中间去取最清亮的水。

　　对大多数挑水夫来说，挑水不仅是谋生手段，而且是一种与邻里和社区联系的途径，比如帮助老人或有病灾的人家做杂务。一位老成都人写道，他认识的一个挑水夫负责华兴街一带几十个家庭，总计约百多人的用水。每挑来一桶水，他就在主人的大水缸上画一笔，五笔就是中文的"正"字，一个"正"字代表五桶水。到月底，每家的水费按"正"字的数量收缴。挑水夫和用户彼此信任，从晚清的一位成都挑水夫。
戴维森和梅益盛摄，1905 年。

来没有在支付问题上出现过混乱。

　　这种信任在成都很普遍，在这里，邻居彼此认识并且几乎每天都要发生联系。在传统的、邻里纽带紧密的社区中，人们生活在一个无论是在城市空间还是社会空间都彼此熟悉和平等的圈子里，人们的认同感和信任感非常强烈。随着城市的现代化，人们的物质生活质量提高了；城市空间结构的重组，传统社区结构被彻底打破和消失；无处不在的钢筋水泥，阻隔了人们的直接交往。这也是人们为现代化所付出的代价之一吧。

4

小商小贩的自由世界

在传统中国城市，虽然街道的基本功能仍然是通行，但人们也普遍把其作为自由市场和休闲空间。至少早在宋代，中国城市的商业活动就非常活跃，成都作为中国西部商业最为繁荣的城市，街头是除了店铺外最重要的商业空间，而且商业的发展产生了丰富的街头商业文化。

在古代成都便形成了街头月市，这成为重要的街头商业和庆祝活动，人们可以在一年内参加 12 个月市，灯市、花市、蚕市、锦市、扇市、香市、宝市、桂市、药市、酒市、梅市、桃符市。尽管我们对月市的起源并不清楚，但在元代费著的《岁华纪丽谱》中对这种街头市场便有了生动的描述：

> 成都游赏之盛，甲于西蜀。盖地大物繁，而俗好娱乐。凡太守岁时宴集，骑从杂沓，车服鲜华，倡优鼓吹，出入拥导。四方奇技，幻怪百变。序进于前，以从民乐。岁率有期，谓之故事。及期则士女栉比，轻裘袨服，扶老携幼，阗道嬉游。

清末文人庆余便写有"成都月市竹枝词"24 首，每个月市两首，生动地描述了这些每月一次的盛大商业活动。这些活动反映了繁荣的商业和丰富的商业文化。正如一首竹枝词描述的："灯市未残花市到，春风何处不相逢。"在这些月市中，花市最为热闹，当春天来临，花会会址青羊宫游人如织，正如一首竹枝词所称：

> 青羊宫里仲春时，
> 赶会人多密似蚁。

沿着锦江，行人、马车、轿子络绎不绝，数百花店设摊卖各种奇花异草。成都人喜爱花草，当花会来临，"青羊小市卖花天，何惜缠腰十万钱"。花会特别吸引着妇女，这样的日子对她们来说犹如节日，一首竹枝词中的妇女便"一夜闺中嘱夫婿，明朝多买并头莲"。花会实际上成了一个商品交易会，那里"货积如山色色宜"。

除了这些特殊的集市，成都居民把街头变成了日常的市场。商人、小贩没有任何限制地在街头出售商品。一些街道变成了专门化的市场，如盐市、鱼市、陶瓷市、棉花市、牛市、猪市、果市、花市、柴市等，据一个西方人观察："不同的交易分别占有各自的空间，有的街由木工、靴铺、皮毛铺、刺绣、旧货、丝绸、洋货等分别充斥。"

**1911 年，成都传统的花会与鼓励发展商品制造业
的劝业会合并举办。那爱德摄。**

　　纱帽街经营各种戏装行头，因而优伶们是那里的常
客。小东门街、娘娘庙、安顺桥则是买花、卖花的去处，
人们去附近庙宇进香献花都在此购花，据说每天可售花千
篮以上。刻字匠集中在盐道街，裱画师在藩司街，丝绸店
集中在按察司街，会府为古董店，各种铜、木以及瓷佛像
有售。棺材店多在东门附近的水井街和双槐树街，有二十
几个之多。许多由此而来的街名沿用至今，如盐市口、珠
宝街、鹅市巷、棉花街、骡马市等。

　　学道街则是书商的中心。日本人米内山庸夫在《云

工笔画长卷《老成都》局部：
成都老南门。孙彬等绘，1999 年。

南四川踏查记》中描述了他怎样在学道街购得 82 套关于
四川、西藏和长江的地理方面的书。东门外的一洞桥为成
衣市场。一些著名的店铺也出现在竹枝词中，如草药铺纯
仁堂，出售眼药膏的半济堂，出售高档中药的同仁堂等。
有首竹枝词称："试问谁家金剪好？无人不道'烂招
牌'"，就是说有一家叫"烂招牌"剪刀铺的剪刀质量最
好，以这个作为店名，无不反映出成都人的幽默。

但在成都更多的是游动商贩，他们挑着担子沿街叫

卖，街头就是他们的市场，就是他们的谋生地，他们的货摊可分为行摊、坐摊和地摊。他们也有同类打堆的习惯，如鼓楼街卖杂货，会府收破烂，布政衙门前居然是江湖艺人的天下，吴好山的《笨拙俚言》中的竹枝词为证：

鼓楼杂货别街无，

会府收荒破烂俱。

布政街前全扯谎，

人山人海是江湖。

当夜晚来临，交通不再拥挤之时，一些街道又变成了熙熙攘攘的夜市。东大街的夜市颇负盛名，从城守衙门绵延到盐市口，到 20 世纪初甚至扩展到走马街、青石桥以及东御街。商贩们在那里出售百货，顾客行人摩肩接踵。毫无疑问，夜市丰富了市民的夜生活。以前商铺都在夜幕降临前打烊，在夜市的带动下，许多商店延长了营业时间。

1941 年《华西晚报》上刊登的东大街的夜市漫画

夜市上经常有一些奇怪而滑稽的事发生。1909 年《通俗日报》上有一篇题为"夜市上有人卖人脚板"的报道十分有趣，文中说记者在夜市上看到一个货摊上摆着一双人脚，由于上面敷满泥，看起来很像一对熊掌，他感到很惊奇便凑近仔细观察，才发现那是正在打瞌睡的守摊学徒的脚，因而叹道："店主雇如此学徒，怎可赚钱?"这篇报道不仅描绘了夜市的众生相，亦再次显示了成都人无处不在的幽默感。

**1941 年《华西晚报》上一幅卖木拖鞋
和衣架的地摊小贩的漫画**

街头不仅是市场，实际上也成了工匠手工场。无论是在街角还是街沿，工匠们都可以制造产品就地出售。繁华

消失的古城

商业区后面的居住区，成了产品的生产地。来访的西方人发现，在小街小巷总是民居和作坊间杂，"在每一居所总是在制作什么东西卖"。而且，像暑袜街和红布街这些街道的名字，也反映出那里生产产品的种类。一首关于红布街的竹枝词吟道：

> 水东门里铁桥横，
> 红布街前机子鸣。
> 日午天青风雨响，
> 缫丝听似下滩声。

美国地理学家哈巴德（G. D. Hubbard）也注意到丝织是成都的"大工业"，有着"成百的织布机"。纱帽街既卖又做帽子，帽店和作坊密集。在这些作坊里，妇女纺棉纱或丝线，或刺绣、编织、缝纫，或做玩具、焚香、纸花以及上坟的纸钱；男人则编凉席，做木盆、桶、篮子、鸡毛掸子，或织布、织毯、绣轴、幌子，或做铁、铜、银的物件和饰品，或与女人同做手工。小孩从8岁甚至小到6岁便成为帮手，他们从事纺纱、清理鸡毛、磨光木头、混合香料以及其他对技术没有要求的工作。这些家庭作坊的产品在其拥有的小店出卖或由其家庭成员沿街兜售。

晚清成都街边一个纺棉纱的妇女。
戴维森和梅益盛摄，1905 年。

虽然在 19 世纪末西方商品已渗入中国，但土产仍在地方市场居主要地位，"商铺中橱窗展示的多是中国产品"。而且成都的各种商业组织和服务机构诸如汇兑、银行等业务都由中国人控制。这与中国沿海地区受西方经济的巨大影响，形成了鲜明对照。这是成都地理环境使然。长江三峡的险峻使船只由长江下游溯水而上非常困难，每年许多船倾覆，造成运输成本非常高，由此阻碍了西方对长江上游的开发。直至 19 世纪末，第一艘西方轮船才成功地到达长江上游最重要的港口城市重庆。

随着市民对街头和公共空间使用的扩张，商业文化也得以发展起来。这种商业文化反映在商店的匾额、装饰、商品陈列、店铺与顾客关系、财神崇拜、工匠工作方式以及他们独特的商业语言中，给人们留下了深刻印象。19 世纪末一个法国人写道，他十分吃惊地看到成都街道"甚为宽阔，夹衢另筑两途，以便行人，如沪上之大马路然。各铺装饰华丽，有绸缎店、首饰铺、汇兑庄、瓷器及古董等铺，此真意外之大观。其殆十八省中，只此一处，露出中国自新之象也……广东、汉口、重庆、北京皆不能与之比较，数月以来，觉目中所见，不似一丛乱草，尚有成都规模者，此为第一"。

几乎在同时，英国女旅行家伊莎贝拉·伯德也描述了成都的街道和商铺："这个城市有着宽阔的路面，整齐的街道，各街呈直角相交，店面看起来比中国其他地区美观，特别是摆放着精细的金银制品的珠宝店和存列闪光蜀锦的绸缎店。"商业文化经常反映出该地区的宗教信仰、经济状况和社会传统。几乎每个商店都供奉财神，每天早晚店员都要敬拜。这些店铺也反映出当地的文化，正如英国植物学家 E. 威尔逊（Ernest Wilson）描写的："漫步成

**美国传教士 H. 艾略特（Harrison S. Elliott）1906 年
拍摄的一个成都店铺和店员**

都街头，人们从各行业可领会到中国特色的文化教育"，
商店的"金光漆亮招牌竖挂着，上面艺术体的大字显示
店名和经营范围"。

　　前面提到的东大街是成都最重要的商业区，许多外国
旅行者都记录了其繁盛。如日本人山川早水在其旅行记
《巴蜀》中赞道：东大街"肆店宏敞，高轩绮窗。檐头悬
各种招牌，长短参差，金碧眩目……商店的样式与北京相
似，然这里更为洁净"。1892 年美国传教士哈特维尔
（G. E. Hartwell）从东门进入成都，后来他写道："沿东大
街而行，从发光的油漆柜台和绚丽的商品陈列，看到了繁
荣和祥和，并逐渐意识到在这个西部城市居然有着一条如

此干净、宽阔和如此面貌的街道。在沿长江上溯漫长的旅途中，有此发现使我感慨万千。"

商人和小贩总是尽可能扩展他们使用的街头空间，店铺以其招牌、幌子、货摊、桌椅等把它们的"势力范围"伸展进入街道，那些招牌和幌子跨越街道两边、重重叠叠。这种场景亦成为城市景观和商业文化的一部分。他们保持着相互协作的传统，如夏天各商铺都统一行动搭凉棚以避酷暑，一首竹枝词记载了这种活动：

> 万商云集市廛中，
>
> 金碧辉煌户户同。
>
> 春暮日长天渐热，
>
> 凑钱齐搭过街棚。

一张 20 世纪 20 年代的老照片展示了这样的街景。

派伙计挨家挨户地去推销商品是另一种增加销售量的策略，那些店铺经常派出推销者到大户人家去找生意。我在中国第一历史档案馆的《赵尔巽档案》中看到一本《稽查出入门簿》，记录了每个到四川总督宅推销的访者，仅在 1909 年的某两天里，就有 20 个商家去推销过商品，包括时钟、丝绸、帽子、纸张、毛笔、煤、油、药物、衣服、食品杂货、皮毛和银器等。可见那个时候总督大人的

20 世纪 20 年代成都街边商铺的遮阳篷。
《成都市市政年鉴》，1927 年。

私宅也并不那么戒备森严。

20 世纪以前，地方官员很少控制集市、市场、小贩和店铺。没有城管对他们进行限制，或掀翻他们的摊子，或没收他们的商品。由于街头远离官府的控制，这给予人们分享这一空间的机会，居民们尽其所能地使用街头。小贩们聚集在街头招揽顾客，这些小贩给城市生活带来了活力，无数的平民以此为生。我们可以想象，在传统中国城市中，如果限制了他们的商业活动，多少人将失去生计。如果这个城市没有了小商小贩，日常生活将变得多么不方便，城市景观将变得多么枯燥乏味。

5

让穷人有一条生路

如果我们试图研究都市的贫穷，那么乞丐——街头最常见和最不幸的人群——或许是最好的观察对象。与其他中国城市一样，成都的乞丐靠街头生存。他们在长期的乞讨过程中，形成了自己独特的组织、生存方法和生活方式。当农村地区有饥荒或自然灾害发生时，城里的乞丐数量便会急剧增加。

传教士 E. 华莱士（Edward Wallace）写道，晚清他来四川时，看见"许多瘦弱的乞丐，成群结队拥挤在城镇附近的道路上"。根据传教士 J. 韦尔（J. Vale）记载，那时成都的乞丐数量至少达到 1.5 万人，还不包括那些住在各种各样的济贫院和其他机构的穷人和老人。谢立山描写了他在 19 世纪末到达成都的情景："数百个乞丐拥挤在东门外，我们非常费劲地从这些在桥上堵住去路、衣衫褴褛、蓬头垢面的人中挤出去。"

当时有一种说法，在穷人中弱者变成乞丐，强者则成为窃贼或强盗。那些年幼的男孩、女孩与他们的父母同住在污秽的乞丐棚里，"长大自然成为职业乞丐"。成为乞丐的原因各式各样，但大多是因饥荒、灾害、瘟疫等把他们扔到了社会的最底层。

韦尔对一个苦力怎样沦为乞丐进行了详细的描述，他知道"很多苦力在一周或者十天内沦为乞丐的事例"。假如一个苦力受雇从万县运货到成都，要走14天的路程，苦力在出发前会得到一定数额的报酬作为路费；他也许会留下一部分来养家糊口，但大多数情况是用来还清等候雇用时欠下的债务。如果一切顺利，到达成都后，他还会小有结余。这些钱加上雇主给的"酒钱"，使他能够乘船回家，或者等待另一次受雇的机会。但是，如果在路上他伤了脚或者染了风寒，就不得不雇用另一个苦力来挑他的担子，因此当他到达目的地时，就会花光他所有的钱，在一座陌生的城市里待上几天后，客栈的老板就不允许他继续住了。这时他也已经当掉最后的衣服，一周内，他就会在街头出现，手里拿着一只碗和一双筷子，用可怜的声音叫着："善人老爷，锅巴剩饭。"

前现代的中国城市，社会高度自治，地方政府并不直接插手城市经济和管理，这给了地方慈善团体巨大的活动空间，它们在帮助乞丐方面做过很多努力。

晚清时期的成都，东门和北门都设有粥厂施粥，每天一到两次，大约有两三万乞丐领取。根据韦尔的记载，在得到"早晨的米粥之后，乞丐们便从东门或北门涌入城里……开始了一天的乞讨，他们用铃、拨浪鼓或其他响器，来吸引店主、住户的注意，以对他们的悲惨状况产生怜悯"。

1921 年《国民公报》上的一幅漫画描绘了成都街头乞丐成群的现象。上书："岁不恶，食不足；一签一粥，吁嗟苟活。"这里"一签一粥"是指乞丐每人凭签取粥。

在晚清都市改革措施的控制下，乞丐数量大幅下降，但民国初期再次增加。从东门大桥到一洞桥，挤满了乞丐，一般八至十人一群，该区的每个鸡毛店都容纳了上百个流浪者，他们中大多数在 20 岁以下。特别是成都周围郊县发生饥荒的时候，成都的乞丐就会猛然增加。

在 20 世纪初的城市改革中，警察发动了一场针对乞丐的运动，他们被收容进官办的乞丐工场中。但对某些乞丐而言，街头生活很有吸引力，他们痛恨在乞丐工场里被强迫工作和受管制的生活，他们以逃跑作为反抗。韦尔发现经常有这样的情况："刚刚开始行乞的男孩被拯救，他们洗了澡，穿上了干净的衣服，受到了几个月或一年的适当照料"，但是一有机会，"他们就会回到以前自由的乞讨生活中，显然，他们更喜欢这样的生活，而不是文明的束缚"。不少乞丐从乞丐工场逃走，警察则竭力把他们抓获，为此有人在报纸上撰文写道：

> 昨天早晨我走到总府街，看见一个警察把一个四五十岁的乞丐挡着。乞丐不晓得是什么事，就与那个警察作揖，要求放去。那警察始对他说："拉你到贫民工场去吃饱饭。"乞丐听了这一句话，不晓得说何，就连三再四叩头。警察不允，也就把乞丐拉起去了。这件事在我们看来，自是乞丐的生机到了，然何反做起那万分不愿的现象呢？

人们的确很难理解这种现象。乞丐喜欢街头生活的原因多种多样、错综复杂，但是一个明显的原因是乞丐在工场失去了自由。有些乞丐更喜欢流浪的生活，不愿做"正当工作"。社会指责这些人"懒惰"，精英们也以不屑的目光看待乞丐，这样的态度在1909年《通俗画报》的几幅漫画中便表现得淋漓尽致。一幅讽刺乞丐难以纠缠，

消失的古城

吃惯了嗟来之食；另一幅把乞丐讥为"伸手将军"，称其"独发达于下等社会，坐食不做，无所不为，弄得日月无光。时在城市盗窃器物，手最长，又善抓锅魁"。

《通俗画报》上关于乞丐的两幅漫画，1909 年毫无疑问，精英们蔑视乞丐，因为他们看起来肮脏、懒惰、不知羞耻。当地报纸的一篇题为"对善举之意见"的文章，表达了他们对乞丐所持的普遍看法：

新年里一天，我有事出街，顺便带了些铜元，打算散给那些贫苦的人。他们自然喜欢，我也心安理得，总比赌博输了还不免动气的豁算的过。晚间我回家，清理我那钱袋，却未动一文。原来我的意见临时又改变了。许多乞丐都是筋强力壮的少年，沿街乞食，岂是他们的本愿？但是有人乐善好施，便也容易过活，久而久之，他们不愿为乞丐的初心完全忘却，都已安于为丐，甚至乐于为丐，别的什么概不想做了。我给这般大的人的钱，看似救助，实在是在害了他们。更可怜的是一般贫儿，入世不久，不过几年便落到了托钵行乞。孩子们的心理又与少年不同，多半不满意现在的地位，若得人收容教导，未尝不想上进。如今只是给钱与他们，仍然离不了乞丐地位，那么他们成年之后，除了为盗为匪而外，哪里去寻满意的生活呢？我愿一般的慈善家，不必去作无意识的布施。可以大家筹划办几个小小规模贫民工场、贫儿学校，只要舍得淘神，哪有做不到的事业？

当然，作者提出的这种想法并不新颖，其实晚清成都警察关于乞丐的政策也是基于这种观念。20 世纪初在成都设立的习艺所、教养工场、乞丐工场等，都是为培养乞丐自食其力的能力。但是，当整个社会状况恶化，乞丐的数量激增，超过了政府和社会收容帮助的能力，乞丐问题也只会变得更为难以解决。

不过，我们也看到，晚清以来的这些计划，基本是由官方包办，如果社会能像过去一样积极介入慈善事业，情况可能会好一些。但不幸的是，整个民国时期，国家控制进一步加强，而给地方精英的社会空间日益缩小。因此，即使他们经常想对此有所作为，也是心有余而力不足。

在这种情况下，当局也采用了一些变通办法，如民国初期，警察禁止街头乞讨，但给老年人或残疾人发身份证明，用以领取救济。但是有些人继续乞讨，甚至甘冒罚款或没收身份证的危险。那些有干活能力但仍沿街讨口的乞丐，被认为是好吃懒做和有伤大雅，被警察所追赶。警察命令所有的街区将乞丐送到乞丐工场，有时每天达百余人。短短几天内，乞丐工场里就人满为患。

在这种情况下，政府不得不开始调整收容政策，即对不同乞丐加以区别对待。乞丐一般可分为两种类型：一种是因病、年老或残疾而失去谋生能力的乞丐；另一种是以讨口为"职业"、不想做工的乞丐。

政府对这两类乞丐采取不同政策。政府不能对第一类乞丐提供经济支持，至少会给他们"行乞的权利"。政府多次努力，想让第二类乞丐从街头消失，使他们成为"有正当职业的人"。这些措施从晚清到民国时期一直都在实施，政府也不断根据新情况制定新政策。尽管条例和规定与时更新，国家也未能成功地将乞丐从街头清除出去。那些处于社会最底层的人们，利用他们有限的资源和能力与警察周旋，努力抵抗，继续在街头寻求他们的生存空间。

乞丐有各种求生的办法。在成都形成了这样的风俗，无论哪家有大事，婚礼或葬礼，都会有乞丐上门讨要食物和钱。更有"不成文的规定"，乞丐可以"在每月的第二天和第二十六天向各商家要钱"。店主认为这就像一种捐税，"他多多少少愿意支付一些，但是在其他日子，他可不一定能满足乞丐的请求，除非乞丐们在他的门前赖着不走或惹麻烦"。

想要从乞讨中有所收获，需要技巧和策略，坊间流传不少诸如此类的趣事。一个姓李的乞丐，与一群乞丐住在御河边上。他年轻且无任何残缺，只是衣衫褴褛，见人便伸手要钱，但鲜有成功。行人、饭馆伙计都认为他懒惰，并不同情他，终日被人驱赶，难得温饱。一天，一个老乞丐向他建议："走马街口那个瞎婆没人照顾，你何不把她背上，就说她是你的亲妈。'背妈行乞'，你就成了'孝子'，你每天要来的东西吃不完。"李茅塞顿开，遂如法炮制，每天背着瞎眼老"母亲"沿街乞讨。于是乎"孝子背瞎老母乞讨"就成为一道成都人熟悉的风景：在拥挤的街角，他让"母亲"坐在台阶上，给她喂饭，路人为之感动。不少人带着食物和钱来，仅仅是为了看一眼"为母乞讨"的"李孝子"。

乞丐并不总是平和的，经常会有抢劫、偷盗和敲诈等行为，路人和小贩都可能成为其受害者。例如乞丐们经常在街上抢行人的食品和帽子，一个小贩在南门大桥卖桃子，二十多个乞丐抓起桃子，边吃边跑，那小贩对此毫无办法。有些乞丐被称作"恶丐"，他们用一些特殊的讹诈手法，迫使人们给他们食物或钱。如当他们来到一家门口，如果狗跑出来，他们会乘机把疥疮抓出血，然后指责是主人的狗咬伤了他们，向狗的主人勒索钱财。如果主人不给钱，他们就会躺在地上装死。最后，乞头和街首会被邀请来调停，这家人不得不付钱了结麻烦。

很多乞丐并不只是乞讨，他们还有其他的生存方式。根据韦尔的记载，大约两成的乞丐"有一两种办法谋生，乞讨仅仅是为了补充收入的不足"。一些有手艺的乞丐会做一些像风车、口哨、木偶之类的玩具，"以非常便宜的价格"出售。还有一些乞丐收集羽毛做成鸡毛掸子，而另一些乞丐则在茶馆、小饭馆和鸦片馆收集烟头卖给烟草小贩。许多乞丐还从茶馆饭铺的煤渣里捡炭花，卖给街头的小吃摊。

会动脑筋的乞丐想尽各种方法获得食物。在有电风扇之前，夏天的饭馆十分闷热。20世纪20年代在东大街周围的饭馆里，人们经常可以看到一个乞丐和他的几个孩子，每人拿一把大蒲扇。父亲先给一个衣着体面的顾客打扇，然后又去给另一个顾客扇，他的孩子则接着为前一位顾客扇风。那些顾客吃完饭，会给他们留些饭菜，有时还会给几个钱。据说，这个乞丐最先发明这种"卖风"的方法谋生，因此被人谐谑地称为"风师"。

西方人还记录了成都一些奇特的景观，"在街头行进的队伍里，乞丐给知县或省府要员的随从扛旗"，是他们经常可以挣点饭食和小钱的工作。无论是红白喜事，"前面总有一支很脏的小乞丐队伍，他们穿红戴绿，或其他引人注目的颜色，头上戴着奇怪的锥形帽子"。当代社会的人们，很难想象在地方官威风行进的队伍前、体面家庭的婚葬典礼上，会有穿着破烂的乞丐夹杂其中，但这在当时是一个被广泛认可的习惯，人们并不会因此觉得失了脸面。

当然，这种习俗到底是怎样形成的不得而知，我估计与传统社会中提倡社会救济和帮助穷人的"积德"行为有关。因为这些大张旗鼓的公共活动，主办人给乞丐们提供干活机会，给他们饭食和零钱，在邻里眼中不但不掉价，反而可能会是很撑脸的事。

唱"莲花落"（又叫"莲花闹"）是乞丐常用的另一种乞讨方式，逐渐变成最流行的乞丐街头表演。他们不拘形式、场所，语言灵活、幽默，往往能吸引不少听众。他们甚至可以就围观者的外表、行为借题发挥，或给人戴高帽子，或说吉利话，或引发同情心。如果有人户办喜事，或有店铺开张营业，他们都会不请自到来凑热闹。他们在街角、店铺、饭馆和茶馆门前表演，挣点小钱。春节期间，他们在街头来回敲住户或铺户的门，唱喜歌讨"喜钱"。如卖肉的会给他们一些剩下的碎肉，一天下来，有些乞丐会积累不少。一位文人因而吟道："才购门钱又彩钱，庭除净扫待新年。贫儿只唱齐天乐，博得豚肩乙乙穿。"作者在这首竹枝词后又注曰："岁终，乞人向屠门唱喜，屠者惠以肉片，有积至数斤者。"

"莲花落"的表演包含了一些来自现实生活的真实故事，有时甚至还流露对社会的不满。1917 年有人写了一篇《莲花闹记》，作者称他看见一个"疯丐"，其"头发蓬蓬，面颊熏黑，双目炯炯，颇似贼道中人"。他衣着褴褛，一手持一根打狗棍，另一手拿两片竹板，他边打边唱道：

春风二月春风吹，吹来吹去春将归。

手中拿着莲花闹，唱个歌儿抵肚饥。

蜀国年年命不臧，摩诃劫火变沧桑。

壮者流离老者死，九里二分也逃荒。

罗大将军威凛凛，还将电报拍中央。

这件事儿真好笑，"共和"两字不知道。

共和时代首重民，国民才是国主人。

为点权力胡乱搞，弄得主人不得了。

唉呀呀，天哪天，

如何要生若多人？偏偏又生在蜀川。

天下已治蜀未治，刀兵水火一齐担。

猛然想起喜洋洋，我今有个好主张。

不管世界甚公理，一切解决用武装。

不信请看德意志，再看日本据扶桑。

更有徐州大辫子，同着广州龙济光。

都是凭着火筒力，大摇大摆谁敢当？

我的歌儿已唱罢，茄子冬瓜一大坝。

你们还是少听些，我是说的疯头话。

据描述，他时笑时哭，指天画地，似乎有满腔悲愤。与其他乞丐不同的是，他讲的不是日常生活的有趣故事，而是军阀混战给成都带来的灾难，直接嘲笑强权军阀，指名道姓地批评军阀罗佩金、张勋、龙济光。他不但指责当今的所谓共和制度没有给人们权利，还讥讽了这个一切靠武力的时代。对发动第一次世界大战的德国和扩张的日本也予以嘲弄。尽管他称自己说的是"疯头话"，但人们不怀疑他是在借"疯"讽政。

乞丐组织——即丐帮——在他们的生存中发挥了重要作用。乞丐常常从属于一个三五十人的集团，有一位公认的帮主或"王"（晚清到成都的西方人称这些丐头为"King"）。据住在成都的西方人观察，这些乞丐组织为"地方行政长官所承认"，并向当局负责监督乞丐的行为。人们经常看见一位乞丐"王"站在东门外的桥上，"当他的手下出城时，向他们收税"。

这些丐头有五花八门的办法来控制其他乞丐，但也保护他们的属下，代他们出头露面。因此这些丐头通常都是能说会道、八面玲珑、处世经验丰富的人。如三义庙一带的罗姓丐头，其特点是他有自己的"名片"，正式的头衔是"更夫"，名片背面列举了他的其他"兼职"：挖坑、埋尸、找私生子、埋死婴以及其他事项。他如同身兼数职的官员一样，"十分忙碌"，甚至不得不委托属下做助手。这个故事告诉我们，有些乞丐在乞讨和自由劳动者之间的灰色地带生存。他们能提供一些正常职业所触及不到的特殊社会服务。

乞丐们甚至组成了自己的社区。民国初年，一些乞丐在北门城隍庙附近一块废弃的坟场，用竹子搭起许多竹棚，在那里住了下来，不少乞丐陆续加入其中，逐渐形成了一个"乞丐村"。1919年，一些"善人"筹款为乞丐建造简易房，此后这个地区就被叫作"徙流所"。这些乞丐的赵姓头目好打抱不平，关照老弱病残、妇女儿童，因而在乞丐中的威望颇高。而街首、保甲也乐意把一些事交与他处理。例如，在北门一带地区的街头发现尸体，就会通知赵找人掩埋。哪家红白喜事需要助手时，也会求助于赵。事情结束后他们可以得到几桶剩菜剩饭，大家饱餐一顿。

有组织的乞丐们甚至有时敢于挑战当地有权势者。1928年，一群乞丐闯进了一川军师长的寿宴，上演了一出现实生活中的"群仙拜寿"喜剧。该师长为庆祝自己的五十大寿筹备了一个盛大的宴会，雷神庙附近的几条街道都用彩纸、彩棚和各种灯饰装饰一新。成都很多重要人物都前来捧场。两三百名乞丐突然出现在那里，包括拖儿带女的女人，他们举着一条写有"福如东海，寿比南山"的红布寿幅。这些不速之客在沿河岸的已摆好的几百张餐桌前坐下。虽然师长有武装警卫队，但他知道在他生日这天向这些来"祝寿"的"贱宾"使用武力是非常不妥的。因此，为让那些乞丐离开，副官不得不与丐头商量，在答应送 20 挑残汤剩饭、两罐白酒、每人 100 文铜元后,这些乞丐才撤出。

　　此时正是军阀控制时期,当大多数市民尽量远离凶恶的军人时,乞丐的行为可谓是虎口掏食。这也可以被视为"弱者的反抗"的又一种形式,只要把握好时机,掌握好分寸,即使面对横行一时的军头,也常常可以有所斩获。而且我们也可以理解,乞丐是在为生存而挣扎,当他们饥寒交迫时,也经常甘冒风险。

6

老成都的"红灯区"与妓女改造

　　明末是中国士林社会生活相对开放的时期，那时妓院十分流行，而且逛妓院并不是一个有严重道德问题的行为，很多儒生甚至把光顾高级妓女当作一种时尚。孔尚任的《桃花扇》便对此有十分生动具体的描述。这种现象不仅在江南地区，而且在成都这样闭塞的内地也很盛行。15世纪的文人写道：

> 锦官城东多水楼，
> 蜀姬酒楼消客愁。
> 醉来忘却家山道，
> 劝君莫作锦城游。

另有词曰：

> 江上小楼开户多，
> 蜀侬解唱巴渝歌。
> 清江中夜月如昼，

消失的古城

　　楼头贾客奈乐何。

　　除了文人和商人，下层劳动者也常去这样的地方，正如竹枝词所描述的：

　　　　杨柳晓晓天雨明，

　　　　锦江夜雨江水生。

　　　　盐船无数恶年少，

　　　　闲上江楼看晓晴。

　　清朝时期的资料更多地描述了类似的活动：

　　　　子弟寻花新巷子，

　　　　御河沿畔亦消魂。

　　　　几回不遂狭邪兴，

　　　　川主庙前半掩门。

　　通常，妓女在公共场所中极为引人注目：

　　　　镶鞋净袜一双双，

　　　　游遍罗城又粉江。

　　　　蜀妓如花浑见惯，

逢场端不看高腔。

在晚清成都，由女人提供的性服务仍然十分流行，于是该领域成为社会改革的目标。当地人管妓女叫"婊子"或"烂娼"。妓女的艺名总"让人联想到情欲的快乐，但与文雅结合在一起"，成都的所有妓女都有艺名，诸如"金蝴蝶"、"杨荷花"、"水红桃"等。

晚清成都改良者傅崇矩指责有些妓女引诱年轻人、拐骗良家妇女，他在其编写的《成都通览》里公布了她们的名字，以警告人们远离这些女人。他甚至建议制定规章禁止妓女穿可能同学生制服混淆的服饰。

但同已经被彻底禁止的赌博相比，妓院的命运要好得多。行业并没有被取消，而是逐渐受到限制。1906 年，警察将成都所有 325 家妓院定为"监视户"，并将写有"监视户"三字的木板挂在妓院门上，以与普通家庭相区别。

社会改良者常常用实例警告人们逛妓院的痛苦结果，一篇文章在讲述了一个妓女拒绝再见其破了产的老相好的故事后，总结道："妓女之无情，亦至于此，好色者可以鉴矣！"他们特别强调应禁止守孝的人去妓院，因为这样的行为与传统道德大相抵触。

为了"拯救妇女于孽海"，地方当局开办了"济良所"，以收容妓女，教她们"自尊"、识字、计算，希望把她们转

1909 年《通俗画报》上的关于"新化街"红灯区的
漫画。图中那些妓女的艺名，如夏老三、张老么、
麻足瘟小妹等都是当时成都真正有名的妓女。

变成"正经娴媛",寻找另一种谋生方式。参加这一计划的妇女被要求做工,例如织袜,以补充"济良所"的收入。到1909年,60多个妓女进入了济良所接受"从良"教育。

为了重新开始新的生活,她们中30人选择了结婚。据报道,那些妓女"均颇知悔悟",逐渐改变了她们的生活方式。具有讽刺意义的是,尽管社会歧视妓女,但是仍有很多男人有兴趣与他们结婚。据称,"择配从良"的前妓女都"多得善处",有些人甚至返回"济良所"讲述她们的成功故事。

妓女一般聚集在柿子园,那里被改良者看成"污秽"的和"下流"的红灯区。随着城市改良的进行,它被更名为"新化街"。对于穷人家的女子而言,即使在改良时代,也面临着被诱拐或强迫在那里卖身的危险,当地报纸不断报道此类事件。职业皮条客被禁止,一经发现将被捕拿并送去做苦工,但是拐骗妇女的事件仍层出不穷。

很多精英不满当局有关妓女的政策,一位地方文人在一首竹枝词中便讽刺了所谓的妓女改造:

> 兴化名街妓改良,
>
> 锦衾角枕口脂香。
>
> 公家保护因抽税,
>
> 龟鸨居然作店商。

消失的古城

他们显然不认同当局允许妓院存在的政策，批评官方这样做无非是为了经济利益。虽然允许妓院经营，但当局对顾客加以限制，明确规定学生"应守礼法"，士兵"应守营规"，年轻子弟"应爱身体"，以上三种人不允许进入妓院。违规接待这些人的妓女将受到处罚，将不再被准许继续在新化街谋生。

但是，真正想要从良、做"正当"职业的妓女，依然面临着许多障碍。那些离开妓院已经结婚的人仍然保留着"前妓女"的名声。例如，一个妓女从良后在永兴巷的拐角处开了一家铺子，生意很好。但一次他人在店里"与人因争风，大起冲突"，导致某人受伤。事件发生后，邻里们"公同议定"，迫使她迁店。

在另一故事里，一个做小生意的店主爱上了一个妓女，租了一间房子准备成家。他们去警察局领结婚证，警察拒绝颁发，还要强行将女子送济良所，声称她决定结婚违反了规定。这个决定造成了可悲的结果，男子在得知他不能与深爱的人结婚后，心碎得发了疯。

因此，很多停止卖淫的妇女发现过正常的生活并非易事。有些在从良后仍面临生存危机的妇女，最后不得不重操旧业。但是，也有一些妓女力图嫁给高官或士绅做妾，以此作为获得安全和保护的一种策略。

不少妓女试图迁出"红灯区"，与其他居民混杂居住，秘密提供服务。居民请求警察清除邻近地区的妓女，但他们被告知这很难解决，因为新化街和济良所已经人满为患。但是，警察认识到，妓女与一般居民杂居并不恰当，所以许诺尽快让她们离开。

从这些报告中可以推断，晚清成都的妓院相当繁荣，许多妇女以此为生。在晚清城市改良期间，妓女集中在新化街和武担山两个区域。

民国初年，卖淫行为更盛，妓女们也在寻求更多空间，即杂居到红灯区之外，此举还能逃避纳税。其实，由于新化街和武担山难以容纳日益增多的妓女，地方政府也力图为她们寻找安置之所。1917年军阀在成都巷战期间，很多妓女四处逃生，有的开始与普通人家为邻。这引起了相当大的混乱，有些嫖客将"良家"误认为妓院，不宣而入。因此，警察最终还是将妓女赶回到他们安排的区域。他们重申妓女必须合法登记，非法者或"暗娼"一经抓获，即送警察局。

下层社会的妓女集中在新化街和武担山，而上等妓女则散布在整个城市里，在客栈、饭馆、酒店等地方从事色情交易。总的说来，市民支持把妓女与其他居民分离开，但是当警察计划移送妓女到砖栅牌坊和蓖泉街时，却受到了这一地区居民的反对。他们声称，邻近地区有一千多家商店和几千位手艺人，他们白天工作夜里空闲。如果妓女迁移进来，那些工人有可能常去妓院。另外，居民们还担

1941 年《华西晚报》描绘的成都街边妓女

心妓院成为罪犯的藏身之处，危及社区安全。

　　虽然社会歧视是极大的压力，但也有妓女不理会社会的敌视态度，她们显然从未想要隐藏她们的活动，实际上她们是在公共场所向人们发起挑战。有些妓女会穿学生制服，以对抗精英们规范她们衣着的规定；即便吸引了大批好奇的旁观者，她们有的依然在街头旁若无人；有的不管警察罚款的威胁，仍然对禁止她们与顾客同坐轿子的规定置之不理；有的屡屡违反关于其不得进入公共场所的禁令，频繁涉足这些地方。

从地方报纸中不时看到这样的报道：妓女违犯了不得进入花会或庙会的规定，被赶了出来。尽管妓女被禁止进入戏园和茶馆，如果她们被警察抓住，将当众受辱和被捕，但是仍然有些妓女敢于忽视这些规定。

很多妓女并不感激地方精英和警察让她们"从良"的努力，仍旧继续从事她们旧的谋生方式。在改良者的眼中，她们"装束怪异，语言粗鄙，脂粉浓重，光怪陆离"，这在城市改良的过程中一直受到改良者的谴责。

不可否认，有些女人是自愿成为妓女，精英们由此得出的教训是，"主家政者慎勿令妇女自由行动"，否则就"后悔无及也"。杨老三是晚清一位名妓，她从良结婚后，她丈夫倾其所有也无法养活她，于是她重操旧业。她的丈夫对此非常恼火，甚至与她的客人发生了打斗。

这些妇女的行为告诉我们，即使是在同操"贱业"的人群中，她们（他们）的处境也各异，因此她们（他们）对改良的反应也不一样。在一般人看来，妓女是受男人迫害和蹂躏的弱者，但实际上她们成为妓女的原因各不相同，生活方式也相差甚多，对待男人的方式和手段更是花样百出。

研究妓女的学者们其实也注意到，即使是妇女的身体被当作商品来出售，她们也不甘受男人奴役，她们会结成自己的小团体，也会集体自卫，也同老鸨和男人讨价还价，也能想方设法搜刮嫖客。像那些改良精英经常所举的，妓女如何无情抛弃破产的嫖客的例子，则从另一个角度反映了妓女对男人的反抗和报复。

尽管一些妓女试图与普通人混居，以淡化她们的身份，也还有一些妓女极力在公开场合炫耀、卖弄自己。她们不断地通过衣着打扮和公共行为来挑战社会习俗，使精英们不得不呼吁"如此行为宜严加干涉"。

那么她们到底有何公众行为，她们公开露面的实质是什么？成都当地报纸是这样描述的：

> 近日，娼妓奇妆异服，沿街游荡。有两妓女共乘一舆，共坐一车者斜目四顾，调笑自若，故显体态轻盈，可作掌上歌舞。一妓前行，后必尾随二三青年子弟，衣裳楚楚，形极轻狂，不知其龟奴耶？昨记者过少城西马棚，见一娼妓头梳大毛辫，戴绿泥遮阳帽、金丝眼镜。穿披青缎中式时样皮袄、扎脚青裤，扎西式白色洋头绳。穿大披肩、电光裤、花绿色出风毛新式朝元鞋。全身妆饰，不中不西，不男不女。两手叉腰，沿街笑骂。后随一衣服华丽少年，形极恭顺，意气扬扬，不知是该娼妓何许人也？

他们经过一个警察分局门口时被警察拦住，警察

"痛加申斥",强迫她脱下披肩和遮阳帽,取下眼镜,并雇轿强行把她送回。尽管那"少年状若死灰",但该"娼妓形尚自若"。

这些描述的确给我们勾画了一个超级"现代"的女人,无所顾忌地行走在还很传统的成都街头的有趣画面。我们可以看到的是,所谓"奇妆异服"、"沿街笑骂",无视路人侧目,可以说是她们反抗鄙视她们的社会的一种方式。

这个故事告诉人们,妓女虽然是弱者,但有的并不甘当弱者。她们清楚地知道人们对其公开露面的看法,和什么样的行为会激起当地精英的怒火,但似乎她们就是要去挑动精英敏感的神经。作为经常受到规制的社会底层,妓女用她们有限的能量和资源作为工具,来宣称她们对公共空间的权利。

在成都,废除妓女是人们持续不断的话题之一。20世纪20年代后期,在其他大城市正在进行妓女改革时,成都的一些精英建议分两步走:首先不再允许任何妇女进入这个行当,这样可使其数量减少;然后,禁止全部现有的妓女从事卖淫活动。但是也有一些改良者认为,如果没有首先解决经济问题,禁止登记"公娼"则可能为"暗娼"的发展留下机会。

实际上,整个民国时期,妓女问题从未解决,反而进一步发展。这种状况的出现,固然与政治的不稳定、政策的多变性有关,但是下层妇女为生存而做的挣扎也是重要的因素之一。

7

老成都的街头娱乐活动

如今在中国城市的公共场所，大妈跳广场舞是一个随处可见的景观，这种在公共空间里休闲的方式，并不是改革开放以后才出现的，自古以来，中国城市居民就喜欢在街头娱乐。

法国学者谢和耐（Jacques Gernet）在研究 13 世纪杭州的日常生活时，指出"市民就可以在街头看到很多的娱乐表演"，如变戏法、木偶戏、灯影戏、说书和杂技等。人们还可以看到许多流行的戏曲，"看戏的人们拥挤在一起"。各种娱乐形式使城市生活"与城外农村的贫困和农民艰苦、单调、俭朴的生活形成了鲜明的对比"。

在过去的成都，由于缺乏娱乐设施，市民们也喜欢聚集在市场、空坝、街角、桥头以及庙前、庙后等地找乐子。这些地方对一般百姓，无论是居民还是外来者都没有什么限制。

他们邀约三朋五友，在桥头巷尾打发时间。正如竹枝词所描写的"呼郎伴妾三桥去，桥底中间望四川"，或者是"安顺桥头看画船，武侯祠里问灵签"。

20 世纪 20 年代成都民俗画家俞子丹画街头木偶戏

斗鸡、斗蟋蟀及各种儿童游戏等活动经常在街头或其他公共空地上进行。斗蟋蟀在农历八月间最流行，小贩们把蟋蟀和南瓜花装在一个稻草编的小笼子里出售，这些总会吸引不少小孩争相购买。

三教九流聚集在新南门附近的"扯谎坝"，那里成为江湖艺人、杂耍、卖打药、诈骗术士等的聚集地，也成为下层民众的娱乐中心。在其他中国城市也有类似"扯谎

消失的古城

青羊宫外面的杂耍表演。
工笔画长卷《老成都》局部，孙彬等绘，1999 年。

坝"这样的地方，如天津的"三不管"和北京的"天桥"
等。

庙前空地也经常被用作大众娱乐和社会活动的中心，
如白马寺、武侯祠、雷神庙等。人们喜欢在茶馆、饭店、
酒馆里聚会，尤其是在节日期间，喝酒吃饭的同时也欣赏
民间艺人的表演。

地方当局甚至对八旗绿营的训练场地也基本放任不
管。成都有东、南、西、北四个较场，除了军队操练的时
间，居民可以在任何时候使用这一空间。居民对附近的军
营似乎并不在乎。

晚清成都的较场和兵营。
E. 华莱士摄，1903 年。

日本人山川早水发现了一个有趣的对比：街的一边是
市民们悠闲自得的生活，而另一边的较场兵士们却在紧张
地骑马射箭。西较场专为八旗兵，东较场则专为绿营操练
之用，当街上带着弓箭和火枪的官兵骤然增多，市民们便
意识到一年一度的会操又要开始了。

满城中的满营总能引起市民们的好奇：

锦城东角列营房，

细柳新栽护较场。

每当天光初擦粉，

数声军乐最悲凉。

消失的古城

川省的武举考试也在较场举行。除了会操和武举考试，一年中的大部分时间较场便成为市民的游乐场。一首竹枝词描述了市民是怎样使用东较场的：

两会大操东较场，

风筝放过又乘凉。

茶瓜买向平芜坐，

演武厅前话夕阳。

街头也是孩子们游玩的场所。春天，孩子们聚集在东较场比赛放风筝，经常在风筝上画些美人或马羊等动物的图案，外人认为"最有意思的是风筝相斗"。

传教士 B. 布罗克曼（Brace Brockman）对孩子们玩放风筝有一段生动的描写：一个乡下孩子在城墙外河边放风筝，风筝上画着一条有红色鳞的鱼。一个在城墙里的孩子，拉着一个鲨鱼形状的风筝，上面绑有一个利器，追逐着乡下孩子的风筝。两个风筝线绞在一起，城里的孩子熟练地把自己的风筝线围着乡下孩子的风筝缠了几下，然后轻轻一拽，就把对方的风筝线割断了，那鱼形风筝便成了他的猎物。

孩子们对手工工匠、小贩和民间艺人等在街头的活动非常感兴趣。木偶或猴子在街头的表演会吸引许多小孩围

春天的祭牛仪式。那爱德摄，1911 年。

观。他们还喜欢在街头看"西洋景"（即通过一个小孔看盒子里的图片），内容多是战争场面、杂志上的外国风景，甚至是所谓色情的"春宫图"，因此成年人也经常成为"西洋景"的顾客。

然而晚清时期，孩子们也被告知在街上碰到"洋人"时要尽量避开。一旦看到外国人走进街口，充满疑惑的父母会立即把自己的孩子拽回家。外国人经常看到"孩子们的衣服背后缝着一块绿色的补丁，上面带着一个红色的

消失的古城

工笔画长卷《老成都》局部，孙彬等绘，1999 年

十字。这是因为人们相信外国人非常敬畏红十字，不会伤
害戴红十字的小孩"。

　　显然，这种行为反映出成都居民对外国人的恐惧，这
也暴露出当时成都市民的排外情绪。在辛亥革命前夕，英
国总领事在其照会中表现出对孩子们佩戴这种红十字的关
注，四川总督则表示应制定措施避免麻烦。

　　关于神秘魔咒的传言并非成都独有。据孔飞力《叫
魂》所引《北华捷报》的报道：剪辫人的谣传到处蔓
延，"有人看到死人正披头散发地在街上行走，有的把
辫子拿在手中。表明人们对外国人和其他可疑人等的出

现相当忧虑。……几乎所有的孩子都在他们衣服的领子上挂了一个红色的小包，或者在黄布条上写几个字，系在孩子的头发上"。

成都街头经常表演戏剧的舞台，以低廉的价格吸引了很多观众。一些流动班子甚至不用寻找真正的舞台，而喜欢在围满观众的空地上表演。地方戏是最受欢迎的娱乐形式，成都每年农历二月就会"沿街演戏"，称为"春台戏"，也称为"春戏"或"花灯"。

社区、邻里或行会出钱组织这些活动。正如一竹枝词所云：

> 庆云庵北鼓楼东，
> 会府层台贺祝同。
> 看戏小民忘帝力，
> 只观歌舞飓天风。

人们只要寻着锣鼓的声音，就可以找到演戏的地方，聚集的观众在街道两旁站着或坐着观看表演。

由于有许多妇女也出来观剧，这吸引了不少男人的眼球，因此有人认为那些男人并不关心剧情，而更注意围观的女人。

很多地方戏在庙堂前、行会或会馆演出，各会馆一般都有固定的戏台，被称为"万年台"，这些地方一年到头都有庆典活动。当地居民把这种演出称为"坝坝戏"，因为观众总是带着自己的凳子到街头空地或坝子里观看，据称是"千余台戏一年看"，虽然这个说法可能有点夸张，但也的确反映了街头演戏的盛况。春戏不仅吸引了众多成年人，也吸引了小孩，以至于有人抱怨孩子们看戏太多，而耽误了学业。

地方戏的主题通常是浪漫的爱情、历险和神奇人物的故事，也有一些英雄和美人的历史传说。地方当局很少干涉这些演出。地方戏剧把儒家的忠、孝和贞洁等观念逐渐灌输给观众，对下层民众的价值观产生了相当的影响。

人类学家华德英（Barbara Ward）便指出，"戏剧是中国文化和价值观的具体表现"和"非常成功的老师"。尽管当局在大城市里比在乡村用了更多的力量控制地方戏剧，但是精英们仍然对地方戏中的非正统思想无能为力。

例如有一部名为《碎银瓶》的戏，讲的是晚明张献忠起事时，一个将军与侍女的爱情故事。这种介于正统与非正统之间的戏，在大众中也颇有市场。正如姜士彬（David Johnson）所观察的陕西目连戏一样，地方戏及其相关的仪式逐渐成为"传统中国非精英社会两个最重要的公共机构"。

虽然大多数成都的戏曲讲的是世俗的故事，但像

街头的表演。
工笔画长卷《老成都》局部，孙彬等绘，1999 年。

《目连救母》这样的与民间宗教联系紧密的地方戏也非常受欢迎。成都演《目连救母》之戏，称为演"大戏"，又称"打叉戏"。按例每年农历二月中旬后在北门外成都县城隍庙前"以巨木扎台演唱"。

《目连救母》有略本和详本两种，前者演十余日，而后者可唱至月余。"目连救母"载于佛经，事本出于印度，之后竟然成为中国传统故事。该戏有各种版本，情节也各异，但其基本结构是：目连之母因违背佛规，被阎王抓到阴间施以种种酷刑，修成正果的目连赴阴司救母。

演目连戏的特点是舞台和观众之间经常没有明确的界线，给人以身临其境的效果。如"耿氏自缢"一幕：

> 以巨木悬耿氏者，撑出台外。饰缢鬼者，状尤惨狞可怖，从正殿上直出，由人丛中呼啸登台。

戏中的打叉"绝技"很受欢迎，掷叉者"命中之技，不差累黍"。有时掷叉者还故意恶作剧，以纸做的叉扔向人丛，以惊吓观众。在演刀山时：

> 以巨桅耸立场中，桅身横束大刀数百柄，桅顶置一木板，纵横仅二尺许，刀口皆向上。上刀山者，赤其足，以刀口为梯，蹑蹑而登，在板上作种种态。

一般在戏台外还扎有一个"游台"，每一幕结束后，必有数人敲锣打鼓沿游台一周，下一幕方开始。从这些对目连戏的描述看，场面大、时间长、效果逼真，对观戏者有相当的震撼力，这可能便是目连戏经久不衰的原因之一。

据晚清知县周询所写《芙蓉话旧录》称，每年春演目连戏是因为当地人相信，这个戏可以"被除不祥"，如果不演的话"则凶杀之案必多"。

在成都，川剧无疑占有统治地位。不过其他各地文化在成都也并非毫无位置，移民们带着他们的地方戏来到了这个城市。

例如，当会馆建成或行会庆典时，就会雇一些和尚来举行祭奠仪式和演戏若干天。陕西会馆便以演戏著称，如一首竹枝词所曰：

会馆虽多数陕西，

秦腔梆子响高低。

现场人多坐板凳，

炮响酬神散一齐。

成都人对陕西梆子很感兴趣，每有演出，观众们或是坐在长凳上，或是站着观看。一般是爆竹声响三声，演出就会开始。每个会馆演戏都有自己的规矩，陕西会馆演出最准时，如果戏班不能在爆竹响起时开演，今后将不再被允许在此演戏。

街头除了成为真正的演出舞台以外，也被用作学者所称的"街头剧场"（street theaters），人们在社会这个舞台上扮演着各种不同的角色，街头成为日常生活、娱乐甚至政治抗议等活动的场所，反映出城市社会生活的"社会戏剧"。

这样的"社会戏剧"展现了城市民众与公共空间之间，以及他们与街头文化之间的关系。对于外来观察者而言，街头的人们——他们的表情、语言、姿态、服装样式以及行为——是一出无穷无尽的现实生活的戏剧。

真正的街头表演通过剧情与观众的结合来营造戏剧的氛围，正如姜士彬对目连戏的研究所证实的，戏剧向街头或场地的扩展，对观众而言故事变得更加真实。街头成为戏曲布景的一部分，从而将观众引入剧情，成为城市中每天都在上演的社会生活"大戏"的活跃角色。

现在街头娱乐的形式已经没有过去那么丰富多彩，从一定程度上来说，传统的、自发的、免费的公众娱乐，被现代的、商业的、收费的室内娱乐所逐步取代，地方大众文化日益被千篇一律的全国的统一文化所征服。

8

20世纪初城市妇女的行为和形象

在传统城市社会里，男人无疑是公共空间的主人。在20世纪初，随着社会改革的推行、欧风美雨的洗礼，人们对妇女在公共场所的行为，持越来越开放的态度。

但是社会经常不是按我们想当然的路径发展的。在20世纪初的成都，恰恰是社会改良者，对妇女的公共行为持最严厉的批评态度，这些批评反映了改良者对妇女、妇女的公众形象和大众文化的看法。

在精英的笔下，妇女的公共形象经常是消极的。傅崇矩所编的《成都通览》中收有关于成都妇女的民谣："一哭，二饿，三睡觉，四吞洋烟，五上吊。"

傅崇矩认为，百分之九十的成都妇女喜欢看戏，百分之八十的妇女喜欢打麻将，百分之七十的妇女喜欢逛庙。对社会改革者来说，所有这些行为都是"陋习"，应该加以革除。

新旧的转变首先在妇女的服装选择上反映出来。例如，有的服装就展现了刻意引人注目的、独特的个性意识。一名日本人惊奇地看到一些妇女穿着洋装，留着短发。当地报纸经常发表文章和诗歌来描述妇女们怎样穿着

《成都通览》

高领长袍、红鞋子，精心收拾她们的发型，与女伴手拉手一起在街头行走。

　　总的说来，妇女的风格比以前更为开放和丰富多彩。那些喜欢穿着流行时装的女子当时被叫作"摩登女郎"。民间画家俞子丹在 20 世纪 20 年代创作的一幅画便描绘了这样一个女孩，她穿着一套流行服装，留着"最新式的"又短又卷的发型，在一辆人力车上挥舞着鲜花。

《摩登女郎》，俞子丹绘，20世纪20年代

晚清的成都，由于妓女们经常引领时尚潮流，"正派"但穿着时尚的女子往往会被误认为妓女。据一则新闻报道，三位游劝业场的女子便被怀疑是妓女，引得一大群人围观，最后警察不得不叫来轿子把她们送回家。

除了服装，妇女另外两个非常突出的时尚之处就是头和脚。尽管有很多妇女缠了脚，但当时由于改良人士的宣传，"天足"成为一种新趋势，享受不缠足自由的女学生开始对其他妇女产生影响，正如一首竹枝词所描述的：

消失的古城

> 女生三五结香侪，
>
> 天足徜徉极自由。

妇女在她们的发型上也花费了不少时间和精力，短发变得流行起来。一位观察者指出："社会年来大不同，女郎剪发遍城中。"但短发也引起一些精英的不满，对此大加谴责和讥讽。《通俗画报》1921 年发表了一幅漫画，题目是"公母人（社会百怪之六）"。这幅画嘲笑了留短发的"新潮"妇女。题画写道："不男不女，或梳留海头发，或穿缘边衫裤。在前清已经禁过，在民国岂可优容？或曰其为人也，像姑；或曰其于物也，为子母牛。"这里"像姑"也可以写为"相姑"，是指男同性恋者。

另外，从上海流传过来的发型变得十分流行。成都《通俗画报》有一幅画就展现了一群女性的上海发型，反映了这一新趋势的影响。

从表面上看，或许女人们是利用时装来装点自己，但是这种行为本身是需要勇气的，因为地方精英们认为，女人在公共场所有意识地以自身穿着吸引男人的注意是不道德的。显然，精英们如此抱怨女人的发型、打扮和穿着，文化偏见起了一定作用。

例如，精英们嘲笑年轻的乡村妇女：

> 乡村少妇学时髦，

1912 年《通俗画报》刊讽刺画《公母人》

高髻簪花意态豪。

身着旗袍穿革履，

面涂脂粉也风骚。

在他们的意识中，土里土气的乡下妇女就不配追求新潮，这些妇女的新外表使很多精英感到不舒服，这在一定程度上还是一种歧视。

当然他们也有更深一层的考虑，有人认为"冶容诲淫"，对那些"在戏园看戏之太太小姐必打扮得如花枝招展，以引人之视线"进行批评。对这些精英文人来说，

《通俗画报》上的上海女性发型，1912 年

鲜艳的打扮会让人产生邪念，他们要求重塑妇女的公众形象，因而发出了"穿戴何须出新意"的质问。

1912 年，改良派报纸《通俗画报》甚至称新发型为"发妖"。说是"发妖又出十派"，有"钞（抄）手派"、"器皿派"（又名地瓜派）、"折捲（卷）派"、"小旦包头

派"、"留海派"、"莓(霉)豆腐派"、"闺女派"、"盐菜派"、"坟包派"和"切面派"。把新发型称为"发妖"即反映了作者对新潮发式所持的否定态度。

"发妖又出十派",《通俗画报》,1912年

消失的古城

　　精英发现流氓喜欢追逐、骚扰时髦的女人，因此发出了"少妇切勿艳妆"的告诫。当然，精英的担心也并不是空穴来风，因为时髦女郎被骚扰之事时有发生：

> 有某某同妻游览花会，其妻少艾，装束浓艳。而某又前后追随，形极轻佻。游人均目为髬神，髬娼妓也。一班髬神乘势蝟集，其势岌岌，将生他故。故巡警前往询某……妇女游会，本不宜艳妆，更兼夫婿轻薄，焉能不发生此怪状也？某妇苟非巡警保护，尚不知如何结果。

　　上文所称的"髬神"，即地方小流氓或地痞之类。从这个例子中，我们也可以发现，此时乃辛亥革命后不久，社会正在发生变化，但社会风气仍十分保守。从那女人的外表看来，无非是装束艳丽了一些；从那男人的行为看来，无非是跑前跑后对少妻献殷勤，却不知会引起如此骚动。

　　由于这类事件的发生，精英们可以理直气壮地向社会发出呼吁："敬告我女界同胞，游览会场，切勿艳妆。携眷游览者，宜庄重严肃。"

　　当然我们也可以看到，从晚清时期开始，社会对妇女公开露面的限制日益减弱。1906 年，可园成为第一家允许女客进入的茶馆，但不久由于担心男子对妇女的骚扰会干扰社会秩序，警察又禁止了女宾进入。

之后，作为改良新事物代表的悦来茶园开始接受妇女，但是她们必须从另一个门进入。越来越多的妇女频繁出入茶馆，但是上流社会衣着体面的女士仍然不想放下她们的身架，到茶馆与大众为伍。

事实上，女人在茶馆里不知不觉地创造了一种新景观，成为男子们凝视的目标和无尽的谈资。

民国初期，更多的茶馆和戏园接纳女客，但是一般会将女客的座位同男子分开。例如，可园和万春茶园只在特别的时段或日子接待女客。同那些不接纳妇女的戏园相比，有女客的戏园利润倍增。因为妇女不仅是一大客源，而且她们也会吸引不少男客蜂拥而至。

当地一家报纸批评这种现象，说男人去戏园不是看戏而是看女人。清末民初，警察改变了有关妇女出入公共场所的政策，有些场所放松了一些，但在事故多发区则仍限制妇女的活动。

临江茶园请求警察允许其接纳女客，以便让日益下滑的生意有所好转，但被否决了。一个杂耍班子利用公园表演，吸引了很多观众。后来警察称公园人杂，禁止妇女到公园看杂耍，观众便少了许多，生意从此一蹶不振，最后不得不停止演出。

成都郊区龙泉驿的茶馆，麦登斯摄，1941 年

在当时，社会上男女之间的关系是一个敏感的话题。在传统中国社会，没有亲属关系的男女不应在公开场合一起出现，所以两性的公开接触总会引起一些不适当的关注。在过去，传统价值和社会风俗抑制了这种关系，但到20 世纪初，控制权转移到了警察手里，而警察仍然受到风俗习惯的强烈影响。

例如，警察强迫男女于不同的时段分开到庙里烧香，男子是上午 8 点到 10 点，在此之后，则只有妇女才能进入。

对于茶馆和戏园来说，允许男女顾客混合在一起仍属罕见，妇女可以进入戏园，但她们的行为会受到很多限制。例如，1913年颁布的《取缔戏园女座规则》12条，规定了女人从化妆、服饰到行为举止各个方面的行为。即使丈夫也不允许在戏楼中同自己的妻子会面。从这些规定来看，其主要目的就是要减少男女之间在公共场所的直接接触。

到了20世纪二三十年代，妇女在公开场合露面不再新奇，一些思想开放的精英开始将妇女的公开露面与平等的概念联系在一起。正如一位地方文人所写：

> 社交男女要公开，
>
> 才把平权博得来。
>
> 若问社交何处所，
>
> 维新茶社大家挨。

我不知道这里是指那些趋新的茶馆还是一个叫"维新"的茶馆，但无疑这真实地描写了男女在茶馆混杂的情景。

另一位竹枝词作者描述了街头新老因素共存的现象：

> 鞋穿绊线剪平头，
>
> 守旧维新两自由。

在这个时期，茶馆成为妇女为争取与男人平等的象

消失的古城

征，正如一首竹枝词所揭示的：

> 公园啜茗任勾留，
> 男女双方讲自由。

此外，成都新公共交通工具的使用也为男女交往提供了方便，如竹枝词所描写的：

> 汽车更比包车好，
> 男女相逢坐一堆。

社会变得更开放，公共场合追逐妇女的情形也在减少，惩罚也不再像过去那么严厉，正所谓"社交已达公开日，不必场门锁弹神"。其中后一句，"场门锁弹神"说的是在成都花会一些男人骚扰女性，警察把他们锁在会场门口示众。

女性不仅成为茶馆的常客，还有人加入了女招待的行业。吴虞在日记里写道，他看见春熙路益智茶社雇用的女茶房。一般来讲，过去贫妇主要以做奶妈、家佣、缝纫、卦婆或糊火柴盒等来谋生，但这时妇女已经开始进入一些男性占主导地位的，像茶馆这样的场所工作，尽管有些保守的文人对此类变化感到很不适应。

妇女享受城市公共空间的权利，走过了漫长的道路，除了社会的进步和发展外，与她们不断为自己争取权利也有关。1949 年解放战争的胜利，是中国妇女的一个大解放，男女平等成为社会的共识，妇女在公共空间的权利也得到相当程度的保障。但是，她们的行为和形象不可避免地被"革命的"文化以及意识形态所左右。

9

妇女挑战男人的世界

20 世纪初，成都妇女越来越多地出现在过去只有男人出入的场所，如茶馆、戏园等地。这自然引起了精英阶层的不满。警察试图阻止这个趋势，但是妇女们继续向男人挑战，实际上也是向反对妇女公开露面的社会习俗进行反抗。

一直到晚清，妇女都被排斥在大多数公共娱乐场所之外，尽管妇女不被允许进入茶馆、戏园，但有些女子不顾被驱逐的危险，仍然努力突破这些传统男性领域的限制。

有一次，几位打扮时髦、略施粉黛的女人出现在成都广东会馆看戏，警察马上把她们赶走。有些年轻妇女在公众场所也表现得非同一般，如一个年轻女孩把自己装扮成一个男子，与三位男性朋友到茶馆喝茶，但伎俩被识破后，她被带到了警察局。地方当局控告她和她的朋友"有伤风化"并给予了相应的处罚。

有一次山西会馆演戏，一个穿红衣的姑娘爬到自家的高墙顶上向隔壁的会馆观看。观众把注意力都转向了她，有些人开始向她投花球。慌乱中她跌了下来，受了重伤。

《可园演戏》，《通俗画报》，1909 年

改良者也不赞同妇女逛庙这一行为，称警察禁止妇女在庙里烧香是一个极好的措施。虽然如此，这些限制并不能阻止妇女到庙里发出她们的祝愿，因为这是她们的精神寄托。

禁止去城里的庙宇，她们就去城外的。因此，郊区的寺庙像白马寺和三圣宫等地变得十分拥挤，附近的店铺也因此生意兴隆。由于很多男女都聚集在白马寺烧香拜佛，街首开始担心会引起麻烦和事端，要求警察禁止男女混杂。

社会改良者不赞成妇女参与看戏等公众活动，是因为他们认为这些戏曲背离了宣传忠孝、贞操等传统道德观的初衷。改良者们谴责看了"淫邪"节目的女性会学不道德的行为和走向"异端"。

改良者也抨击为妇女谋求平等权利的新观念，称之为"邪说"。尽管新观念受到攻击，妇女们还是日益接受了平等的主张，在公共场所表现得更为开放。但精英改良者则认为，妇女们对改良新戏、文明新戏，全不爱听。

> ……哪个园子有淫戏，哪个园子多上女座。女座多，男座就不少，不是为看戏，而是为看演戏的。……《翠屏山》偷和尚，《关王庙》解衣拥抱，《珍珠衫》乘醉诱奸的时候，女座眼也直，男座眼也斜。一边喝彩，一边回顾。

这个现象引起了精英们的担心，因此他们告诫人们，不应该让家里面的妇女去戏园听戏。改良者在一般人眼中应该是社会中最开放的那一部分人，他们对妇女的公共角色应该更为宽容，但这些例子则告诉我们实际情况恰恰相反，他们对妇女的公开露面，特别是去戏园看戏持更为保守的态度。

其实，这些戏大多是人们喜闻乐见的关于情爱的故事，实际上在舞台上的表演已经相当抽象化了，一般男女示爱，也只是点到为止，留下空间让观众去想象。所谓"淫戏"大多是精英为限制和禁止等目的，强加在许多剧目之上的标签。

警察声称，妇女的出现会造成公共秩序混乱，因此应尽量让妇女远离公共场所，或者把她们与男人分开。当然，精英的担心也并非毫无道理。的确，经常在戏终散场后，很多人聚集在出口打望来自精英家庭的衣着入时的女人，警察不得不驱散人群，维护秩序。

在男女混合的戏园里，一出戏演到高潮，男人们就经常站起来顾盼女人，而女人也会有相应反应。据当地一家报纸的报道，"女宾嬉笑撩拨男宾，秩序大乱"。戏园的这种"混乱"总是受到精英人士的批评。

而且，为了避免事端，警察禁止妇女进入花会中的戏园看戏。代表成都现代化窗口的劝业场小心翼翼地对妇女开放，但也不时出现混乱。如某年春节期间的一个下午，

消失的古城

五名衣着入时的年轻女子在那里买东西，引起了一阵轰动，因为"年轻艳妆的女太太五人联袂游劝业场，一般之少见多怪的子弟蜂拥围观"。为了防止出现麻烦，警察强迫她们租轿回家。据报道，这几个女顾客"可谓乘兴而来，扫兴而返"。

几天之后，另外三名女人在劝业场购物，百多人跟在她们后面"拥看"。以至于改良人士哀叹："妇女们买货物也是挤起的看，真正太不开通了。"为防止出现意外，警察想办法在劝业场将几名妇女同男人们分开。在劝业场使用电灯后，很多人前来观看，警察为男人和女人安排了不同的参观时间。

其实，人们的这种所谓"不开通"，在很大程度上是社会传统和当局的这种男女分离政策导致的结果。他们也知道"少见多怪"的道理，但是在男女公共关系问题上仍然宁愿持保守的态度。

改良者仍然坚持传统的家族制和社会等级观。男女平权的思想在新文化运动期间及之后开始传播，这点我们可以从巴金的《家》中看到。但与北京、上海等大城市相比，成都经历了更为缓慢的变化过程。

成都由于地理环境的隔离，受到西方的影响较少，因而更趋保守，保留了更多传统社会风尚。资料表明，即使在 20 世纪 20 年代，许多精英仍然认为"男女平权"为

晚清成都劝业场

"异端邪说"。因此，妇女争取公共空间的斗争，就要比
沿海城市更为艰苦。

然而，成都街头还存在另外一种类型的女人：她们一
般来自社会下层家庭，受传统"女德"的限制较少，她
们有勇气公开和男人交锋。

正如傅崇矩所描述的，"贫家恶妇打街骂巷"，她们
典型的姿势俗称"茶壶式"，即一只手指指点点，另一只
手叉在腰间。的确，社会下层妇女在街头彼此谩骂甚至打
斗的场景并不罕见，道学先生们认为她们是"妇德不修"
而大加抨击。

巴金幼时的全家照

　　当地报纸经常报道她们的公共行为，其中一个故事是讲一个住在府街的叫杨忠的人，他老婆是一个有名的"泼妇"，他嗜好赌博但很怕老婆。有一天，他输光衣服后悄悄溜回家，准备拿床被子作赌注，被老婆抓住了。她马上把他拽到街上，"百般辱骂"，不管他如何求情都不肯罢休，还威胁要把他交给警察。直到街首出面调停，让杨忠道歉，她才罢休。当地报纸报道这个故事时评论说："杨忠行为不正，已失男子之志气，人皆谓罪有应得。"

　　另一则报道说，一名卖布的商贩拒绝按早先议定的价格把布卖给一名裁缝，引起了争吵。裁缝的"泼妇"老婆把商贩的手咬出了血，还朝他扔脏东西。另一个例子更有戏剧性：一位载客的人力车夫不小心碰倒了一名白姓妇女的儿子，这个小贩的老婆马上跳到街上来，一拳砸向车夫的脸。这一记重拳不仅打破了车夫的左眼球，血流满面，还将他击倒在地。

有些下层妇女甚至敢与士兵叫板。一位皮匠的老婆，也是邻里有名的"泼妇"，在与一名士兵发生争吵时，扇了那名士兵一耳光。挨打的士兵将这一事件报告给了长官，长官会同鞋业同业公会会首到作坊解决争端，裁定错在该妇女。其惩罚是该长官用一根烟管敲她的头，此外她被迫挂了一块红布，燃放鞭炮，作为道歉。

以上这些故事表明，虽然中国家庭里男人处于控制地位，但也常常有例外。所谓"泼妇"展示了妇女行为的另一面，这与温顺的中国妇女的传统形象完全不同。

即使从总体来看，妇女是社会中的受害者，但是她们在公共场所所扮演的角色取决于各种因素，包括她们的文化水平、民间传统、个人性格和经济地位，她们中仍然有一些敢于藐视那些传统的所谓"妇道"，在公共场所展示她们的力量和勇气，即使因此而背上"泼妇"的恶名。所以，对那些竭力维系传统道德规范的精英来讲，她们的行为是应该受到谴责和控制的。

一般来讲，社会的变化允许妇女公开从事更多的社会活动。更多的公共场所，包括女子学校、演讲厅、新式商场、戏园、茶馆等都可以对妇女开放。民国初期，有些妇女非常热衷于参加公众政治集会活动。

例如，1916 年夏，在倒袁运动胜利后，成都举行了一个持续若干天的庆祝典礼，有万余人参加，实际上变成了一场大规模的公众娱乐活动。女学生和妇女的出现对民众来说是一个看热闹的好机会。

同年冬，另一个纪念活动在祠堂街举行，仍然有很多妇女出席，吸引了大批"流氓"前去围观。因此，当局命关闭附近的四个茶馆以防止过度拥挤。

引导时尚趋势并在公众生活里相对活跃的女学生，不仅思想开放，而且做事不束手束脚，甚至敢于反击想入非非的男人，有故事为证：

> 某学堂学生二名，同游丞相祠，于荷花池畔，遇女学生十余人。二生注视不已。女生去而之他，二生亦尾其后，接近逼视。女生中有骂之者，二生反以戏言答之。众女怒，共窘辱之，且批其颊，二生乃抱头鼠窜而去，人皆曰打得好，打得好。

晚清以来，随着现代学校的发展，女学生享有较高的社会地位，因此一些下层女子会将自己装扮成学生。例如据报道，一个木匠的小姨子因为"脂粉太重"，在街上被一群无赖追逐。具有讽刺意义的是，警察没去追究那些无赖，至少根据这个报道没有，但是他们却认真调查了这个女孩。她的姐姐——木匠的妻子——声称这个女孩是学生，但是警察发现这是谎言，反而对这个女孩严加训斥。记者发表评论说："《易》曰'冶容诲淫'，不知自咎，反冒充学生，以污女学界清名。巡警之申斥也宜矣！"

美国《生活》（*Life*）杂志拍摄的五四运动中的女大学生

上述女子假装成女学生，说明女学生在当时是新潮人士，受社会尊敬。非常明显，警察对待主要来自精英家庭、享有比大多数妇女更高社会地位的女学生，要比对一般民众好得多。精英们对此畛域也是分外清楚，不容下层妇女越界，否则则是玷污了所谓的"清名"。

虽然我们不能说这一时期妇女最终享有了平等使用公共空间的权利，但是她们的确已经扩大了公共活动的范围。茶馆便清楚地见证了妇女社会地位的改变：从19世纪不允许她们进入，到20世纪初对她们开了一条门缝，再到20世纪20年代她们成为常客，至30年代她们开始在那里谋生，公众也逐渐增加了对妇女的接受度。

我们可以认为，在中国，妇女在公共场所的被接受程度，实际上是衡量社会开化程度的一个重要指标。虽然妇女争取活动空间的努力并没有一蹴而就，但至少她们也为自己取得了一席之地。

10

百年前怎样过春节

一百年前的成都，也就是晚清民国初期，人们可以在不同的范畴内过春节，如家庭、邻里和社区。春节既是传统中国最重要的节日，也是大众文化最完全的表达。

节日期间，街头展示新的面貌，卖门神、"喜钱"、香烛的小贩在街上摆摊吆喝。"喜钱"是一片片红纸，又称"喜门钱"。节日给成都手工匠"极好机会去证明他们的传统技术和价值"。

据这个时候来成都的传教士记载：沿街的房屋和商铺也带给城市节日的气氛，春联和圣谕贴在门上，"每扇门看起来像新的一样，尘埃一扫而净，还贴上五张红纸做成的'喜钱'"。带装饰性的对联一般在春节前贴出，表现了主人的心愿。

另一记录称，人们还在门神前焚烧喜钱以求来年发财，称"火烧门前纸"。这些活动也出现在竹枝词中：

> 家家门户焕然新，
> 都贴喜钱扫俗尘。

消失的古城

红纸五张装体面，

柴门也自见新春。

"买卖对联"，王弘力画《古代风俗百图》

据英文《华西教会新闻》（*West China Missionary News*）记载的 1905 年春节时的成都：

在街上人们都带着笑脸，挥动着宽大的袖子，行人都停下相互问候。穿着绸长衫和戴着红流苏帽的仆人忙着分送其主人的贺卡，店东们踌躇满志地漫步街头，小儿们手戴镯子和挂着狮子、金佛像等饰品。最引人注目的是三三两两的小姑娘们，穿着五光十色，面色粉红，头发扎向一边，额前飘着浏（刘）海，真像仙女一般。

春节期间人们喜欢户外活动。这时春天快要来到锦江河畔，穿着一新的男女们在街上互致节日的问候，如竹枝词所云：

　　锦江春色大文章，
　　节物先储为口忙。
　　男客如梳女如篦，
　　拜年华服算增光。

放鞭炮是节日期间最重要的娱乐，成都竹枝词也有描述：

　　街头爆竹响愁人，
　　肖像桃符彩换新。
　　堪笑成都迷信久，

消失的古城

年年交替说门神。

下图选自傅崇矩《成都通览》（1909～1910 年印），题目是"烟火架"，图上的说明称："火炮铺所造，形势恶劣。然商家开张，必藉此以聚客。每放一处，则阖城观者，均蜂至矣。实无谓之事。"我们可以看到，傅崇矩对放火炮很不赞同，透露了改良者对许多传统习惯的批评态度。

《烟火架》，傅崇矩：《成都通览》，1910 年

大年初一早上人们相互拜年祝福，然而也有许多人将"贺春名签，多贴大门，不见主人而去"。

"拜年"，王弘力画《古代风俗百图》

春节给孩子们带来了无限的欢乐，他们也使这个城市增添了热闹的气氛：

> 儿童行乐及新正，
>
> 击鼓敲锣喜气盈。
>
> 风日不寒天向午，
>
> 满城都是太平声。

消失的古城

扯响簧是过去春节儿童最喜欢的玩具之一，直到20世纪60年代仍然十分流行，可惜今天一般只有杂技演员用作表演了。据《成都通览》："响簧以竹为之，用绳扯之，其声瓮瓮。小儿过年，争相购买。每逢腊月十六日起，四乡之业是者，均入城开售。"这里也说明此类物品，大多由乡村农户制作，然后入城销售，从一个侧面反映了城乡的依赖关系。

《扯响簧》，傅崇矩：《成都通览》，1910年

各种民间艺人在街头表演，据称是：

清唱洋琴赛出名，

新年杂耍遍蓉城。

淮书一阵莲花落，

都爱廖儿《哭五更》。

在正月十五的晚上，人们习惯性地"偷"邻人菜园的蔬菜作为晚餐，当地称之为"摸青"。如果说平日这种行为是非法的话，在正月十五这一天"摸青"则被视为理所当然。

店铺一般在大年三十关门，春节后开门时间取决于其经济状况和所择"吉日"。一些小铺在初一便开门营业，大部分在初五，有的甚至迟至初十五。

当春节后店铺重开时，都要敬财神、放鞭炮和在匾上挂绸。一些大店每天多下一个门板，称"提门"，直至若干天，甚至十几二十天后全部门板下完，称"大开门"。

当大多店铺关门贺年时，小贩却迎来了一年中生意最兴隆的时刻，他们向街上的行人兜售各种水果、坚果、糖果、脸谱和图画等。各类工匠、生意人都利用春节展示和销售其产品，如衣服、食品、民间工艺，以及如火炮制作等技术。

春节也为曲艺、杂耍等江湖艺人提供了演出的舞台。因此，春节的活动亦是城市繁荣最重要的表现。

街头杂耍艺人。
工笔画长卷《老成都》局部，孙彬等绘，1999 年。

　　庆祝节日总是夹杂着宗教崇拜仪式。当春节临近，在农历十二月二十四日人们拜灶王爷，据说灶王爷在年前要上天去给玉皇大帝磕头，在除夕返回，人们则彻夜不眠，曰"守岁"。大年初一清晨，各家各户、各商店开门迎东来的财神。各店铺都换上了新门神，将店内的尘埃扫除一净，以把过去一年的不幸一同抛弃。

传教士 J. 韦尔（J. Vale）注意到："在众神中，门神为主，其为各阶级所供奉。"下图是 1912 年《通俗画报》所画成都鲍公祠的大门，上面的门神清晰可见。

鲍公祠的门神画，《通俗画报》，1912 年

消失的古城

　　节日期间，家家户户都备酒和鸡供财神和土地神，烧香磕头，说吉利话，如一首竹枝词描述的：

　　　　只鸡尊酒算奇珍，
　　　　祭罢财神又土神。
　　　　只恐旁人忘忌讳，
　　　　不祥语至最堪嗔。

　　正月十五后，人们聚集南郊举行"迎喜神"的活动。由此可见，大众宗教仪式成为人们节日庆典的重要部分。

　　如果春节期间遇到下雪（这在成都是很难得的），人们更是欢欣鼓舞，欢迎瑞雪，有的会做一雪人以锣鼓送到邻家，称"送雪童子"，这是给那些没有子女的家庭最美好的祝福。这种送童子的活动，最能反映邻里关系，表现了同一社区人们的一种相互依存的纽带和感恩心情。

　　春节不仅是家庭的重要节日，也是社区的重大活动。在正月初九，当人们敬"文财神"（又称"赐福天官"）时，各街的街首便开始办会（又称"上元会"），沿街向各户"化钱"。用筹来的钱在街上搭拱形的"白果灯"，下面可敬神和演灯影戏。这也是人们"求福"的一种形式。各街还会举行一次全部街众参加的盛宴，并资助狮子龙灯表演。

元宵节"灯会"，王弘力画《古代风俗百图》

　　节日期间，街上挂着五颜六色的灯笼，正月十五的元宵节实际成了一个"灯会"。这期间，无数美丽的彩灯装饰着成都，人们眼前是一片壮丽的景象。一名传教士写道：看灯的人们"拥挤在节日的街头，各街举目皆由粉红和红布妆裹"。节日的灯笼成了街头文化的一部分。灯笼一般由各色绸子和纸做成，形态各异，五彩缤纷，绘有各种花和动物等图案，人们用其来装饰门面。

在主要的大街，"搭有横跨街头的台子，每隔一段一个，上有寓言中的人物，放有许多盆栽的花卉，有灯、烛和镜子"。还有许多用竹子做成的动物形象，如大象、狮子和梅花鹿。

灯会吸引许多观众，正如一首竹枝词记述：

> 元宵灯火敞玲珑，
> 锦里繁华入夜中。
> 最是无知小儿女，
> 出门争看爆花红。

同时，一个灯市在府城隍庙和科甲巷各街举行，真是"万烛照人笙管沸，当头明月有谁看？"许多男人也借机上街看那些穿着鲜亮的女人，一首词讥讽道：

> 六街莺燕带娇声，
> 朵朵莲花数不清。
> 到底看灯还看妾，
> 偎红倚翠欠分明。

灯会中最热闹的是耍"龙灯",又称"烧灯"。下图来自《成都通览》,图中说明称:"正月初九日方出灯,十六日止。乡间则放花炮,烧灯甚多。"这些龙灯用彩色的长布做成,有头有尾,由两人舞狮,十余人舞龙。随着爆竹声进行的表演总是吸引人山人海般的观众,他们从一条街到另一条,所经之处,观众投钱以示嘉奖,这个表演一般持续至半夜。

《耍龙灯》,傅崇矩:《成都通览》,1910 年

这种活动是"岁岁皆然",到民国时期,例如五四运动爆发的 1919 年,据《国民公报》的描述:"龙灯、狮戏亦各十数部,所经街道,倾城夹观,左右如堵,亦有空巷之致。"

消失的古城

除此之外，耍龙灯者还应邀到一些富人的公馆表演，如果表演精彩，他们会得到赏钱和"挂红"。巴金在其著名的小说《家》中对此有生动描述：

> 锣鼓不住地响着，龙灯开始舞动了。这条龙从头到尾一共九节，是用竹条编成的，每一节中间插着蜡烛，外面糊了纸，画上鳞甲。玩龙灯的人拿着下面的竹竿，每个人一节。前面另有一个人持着一个圆圆的宝珠。龙跟着宝珠舞动，或者滚它的身子，或者调它的尾巴，身子转动得很如意，摇摇头，摆摆尾，或者突然就地一滚，马上又翻身过来，往另一边再一滚，于是很快地舞动起来，活像一条真龙在空中飞舞。旁边的锣鼓声正好像助长了它的威势。

巴金还描述了观看者是怎样故意朝着赤膊的玩龙灯人发射火炮，龙灯着火，后者不得不忍受被灼的疼痛。

一些精英指责这是一种"恶习"，因为这个活动经常导致伤人和火灾。巴金也借用小说中主人公的话对此严厉地批评道："你以为一个人应该把自己的快乐建筑在别人的痛苦上面吗？你以为只要出了钱就可以把别人的身体用花炮乱烧吗？"

虽然这个批评反映了新知识分子对下层人民的同情，

但也暴露出他们对传统民间活动的鄙视。这种对传统文化的态度不足为奇，它反映出当时新知识分子对民间文化的倾向性，类似的指责几乎在精英的文章中比比皆是。

马克斯·韦伯在研究城市时指出，传统中国城市居民没有"社区意识"，因为他们把自己的家乡（通常是农村）看成最终归属地，所以现代资本主义很难在中国发展。

为什么现代资本主义很难在中国发展，是一个值得探讨的问题，但是从上面成都的春节庆祝活动来看，韦伯是大错特错了（罗威廉的两本关于汉口的杰作也证明了这点）。不过根据我的观察，由于现在城市不断的拆迁和重建，人口流动的加剧，传统街坊邻居的消失，再加上商业化和全球化，人们的城市自我认同和社区意识，今天倒是真的削弱了。

在过去的城市的春节庆祝活动中，社区扮演了极其重要的角色，但是现代化的冲击、居住模式的转变、流动人口的增加，削弱了社区的角色，社会日益原子化、流动化，庆祝春节逐步演变为一家一户的行为，人们的社区纽带基本上断裂了。

11

城市底层穷人与"弱者的反抗"

　　著名政治学家和人类学家、耶鲁大学教授 J. 斯科特（James Scott）出版过一本重要的著作，名为《弱者的武器》（*Weapons of the Weak*），这是他在东南亚农村田野调查的基础上写成的。他认为，散布流言蜚语、欺骗、报复等行为，都是那些弱者利用"弱者的武器"所进行的反抗，这种反抗的模式，也称为"日常的反抗"（daily resistance）。在古今中外，昨天和今天的生活中到处能够找到无数实例。

　　任何城市都包含了反映阶级隔离的"社会地理"。如在成都，大多数穷人居住在城西，妓女集中在五担山和柿子园，民间艺人生活在城东。在少城，"街道宽敞，但没有铺砌，且泥泞；居民们——特别是那些妇女——看上去状态不好，穿的也很不像样"。阶级和族群的划分几乎随处可见，在轿夫和他们的乘客之间，体面的顾客和舔盘子的乞丐之间，苦力和雇主之间，住在街边的"街娃（儿）"和四合院居民之间，都形成了鲜明的对照。

　　富人和穷人在生活上的差距，清楚地表现在地方文人

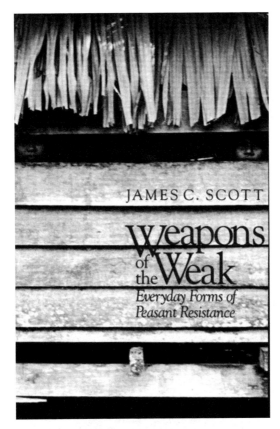

《弱者的武器》英文版

的作品里，因为人们被划归为不同的世界，因此人们禁不
住要问：

　　南文北武各争奇，

　　东富西贫事可疑。

消失的古城

> 一座城中同住下，
> 然何分别竟如斯？

幸运女神很少光顾穷人，即使是过春节也不能带给他们快乐。节日来临，穷人们却担心没有果腹的食物外加逼债人的上门："商量入市营柴米，门外先来索债人"，真可谓是雪上加霜。在节日期间，他们的日子非常难过：

> 愁听长街击磬声，
> 惊心岁短倍伤情。
> 可怜案上无杯酒，
> 也向神天祝太平。

在这些记录里，我们可以感受到一些地方文人对社会不公的批评和对穷人的同情。

街头可能是透视穷人生活的最佳地点。不幸的人们喜欢公开讲述他们的悲惨故事——丢了钱，穷人遭恶人欺侮，家人生病，等等——以获取路人的同情和帮助。

正如一位在成都的西方观察者指出的："研究大城市的生活，没有一个地方比省府更为合适的了，因为在那里你通常可以得到一切你想得到的东西——富有阶层的奢华和荣耀，穷苦阶层的沦落和贫困。"

"穷街陋巷"。晚清成都穷人生活的一个小胡同，
胡同的中心铺了石板，以供推"鸡公车"。
E. 华莱士摄，1907 年。

西方人的记录客观地表达了成都各阶级的差别，这种差别常常在街头上暴露无遗。在街头，人们经常能看见躺在地上生病或垂死的苦力。不止一次，有穷人在茶馆歇气时死在那里，苦力由于饥饿在街头失去知觉，但是其他人却认为那人仅仅是在休息。

传教士 J. 韦尔指出，那些小贩和农民常常用来吸引路人注意的"最奇特、最便宜的办法"，就是"用稻草或竹子缠出来的小圈"，这个小圈的意思是这件物品待售。他看到一个穷苦力"在一个棒子上缠着稻草圈沿街行走，这说明这个棒子就是他唯一所有，他已经穷得不能再穷了，离乞丐只有一步之遥"。

消失的古城

有些不幸的人，除了卖掉自己已经无任何东西可卖。饥荒时节，韦尔看到一个男人"辫子上插着稻草，沿街游走"，这表明他是在"出售自己"，韦尔认为这是"一种非常凄惨的景象"。

在民初的军阀混战时期，很多来自灾区的难民聚集在西城门外，每有米贩经过，有的以帮忙推车上坡为名，有的则明目张胆地划破米袋盗窃大米。

20世纪20年代初，流浪汉发现各自难以谋生，于是组织成团，往往几十个人一伙，到处觅食。一次，十几个穷女人突然抢了会府南街一个煎饼店的煎饼，一边跑一边狼吞虎咽。在餐馆，饥饿的穷人站在顾客身后，顾客一吃完，穷人马上就"风卷残云"般吃掉他们留下的残羹，即便饭店伙计拼命驱赶，他们也置若罔闻。可以说这个时候的成都，是一个穷人的城市、饥饿的城市，大众在不满和愤怒中生存。

穷人在公共场所经常受到有钱有势者的欺侮。地方文人刘师亮在他的《哀黄包车夫歌》里，以沉重的笔调叙述了这样一个故事：

黄包车，

快些走，

先生今天会朋友。

先到新化街前去出席，

后到望江楼上吃花酒，

转来顺过九眼桥，

毛家公馆推牌九。

问问路，

二十里，

铜元一吊就足矣。

争多论少意何为？

你把先生瞧不起。

先生不是普通人，

立刻就要医治你！

车夫争钱太无耻，

骂声车夫你该死！

不去当兵来拉车，

给你几个嘴巴子。

打得车夫无言答，

垂头丧气面如死。

不见军警干涉坐车人，

只见车夫两泪汪汪流不止。

流不止，

何所使？

呜呼呜呼吾同胞，

消失的古城

    "革命区域"有如此!

刘师亮的故事生动地描述了人力车夫谋生是多么艰难,也揭示了富人对穷人的欺凌,同时亦透露出对阶级压迫的尖锐批评、对强者的谴责以及对弱者的同情。

我们看到,军阀所标榜的"革命区域",实际上是一个无法无天的世界。这个时期由于地方军事力量的崛起,地方恶势力显然已经无法被有效控制。

民众不能从法律上获得足够的保护,但是他们将一些日常的抵抗方法作为"弱者的武器"。

在成都,轿夫是街上最易见到的群体。轿子是当时主要的公共交通工具,抬轿是一种最常见的传统职业。1916年,成都约有四百九十多家轿行,如果只按每家十乘轿子算,总数也接近五千,可见从业人数之多。

轿子有各种类型,如"街轿",即两人抬之轿;"三班",即三人抬之官轿,有"平顶冠"、"纱帽头"、"一匹瓦"、"鸭蓬轿"等名目。

三人轿的杆要调整到适当的位置以均匀分配重量。一般走了二百多步之后,轿子的重心从一个人调整到另一个人,这样抬轿者可以轮流休息。如果跋涉时间长,或是乘客太重,就需要四人轿。

毫无疑问,抬轿子是一件非常辛苦之事,但是轿夫们

美国《生活》杂志记者麦登斯
1941 年所摄成都郊区龙泉驿的轿夫

仍然可以通过炫耀他们的技能来获取快乐。他们抬轿的风格分成"平杆"和"拱杆"。后者又有"峨嵋俏"和"鹰爪子"之分，要把乘客抬得像屋檐一样高，很是威风，但也有危险。

有些顾客喜欢坐在"拱杆"轿上炫耀自己。当轿夫抬着轿子在街上呼啸而过时，他们十分得意。但轿夫用"拱杆"抬着乘客在街上快速行走时，不仅经常撞倒和撞伤行人，而且有时自己也会跌倒。

成都轿子的样式和轿夫的抬轿方式给外来客留下了深刻印象。一位传教士写道，这个城市"到处是在任和退

消失的古城

休的官员，他们坐在轿子里，飞快地在街头穿梭。轿子非常特别，因为长杆被弄弯，轿子的主体搭在弯杆顶部。抬轿时，这样的轿子被高高举起，越过人群的头顶"。

成都平原上的轿子和轿夫们。
戴维森和梅益盛摄，1905 年。

轿夫抬轿时，后面一人无法看路，遇有情况，全靠前面的人以行话提醒，这形成了他们独特的语言，一般是有节奏的押韵短句，充满着幽默。这不仅可以帮助维持协调，而且可减轻疲劳。例如：

当孩子挡了路，领头的轿夫可能大喊，"地下哇哇叫"，后面的轿夫就会回答，"请他妈来抱"。

如果遇到妇女，则说"左边一枝花"，答曰，"赶快让开她"。

有泥水洼时说，"稀泥烂窖"，回答，"踩稳莫跳"；

或者"天上明晃晃",答,"地下水凼凼"。

当转弯时叫,"狮子拐",答,"两边甩"。

当道路危险时说,"斜石一片坡",回应道,"踩稳才不梭"。

如果地上有畜粪说,"天上鹞子飞",答曰,"地上牛屎一大堆"。

这些话真是幽默风趣,成为街头文化和下层民众活动独特而生动的表现。

富家一般有自己的轿子,"大班"即富人家长期雇用的轿夫。虽然他们的情况比在街上招揽生意的轿夫要好,但是他们仍受到蔑视。

例如在傅崇矩所编的《成都通览》里,大班被描述成粗鲁轻率之人,冒犯行人,故意晃动轿子使乘客不舒服,从街边货摊上偷拿东西,甚至在雇主的地盘上打架,给主人"丢脸"。

傅崇矩似乎对此深有体会:"主人之所以雇轿夫者,为有事也。此等人每每好逸怨动,或每天抬过两三次,如再命驾,伊等必怨声载道,任你如何着急,伊偏要煮饭,或主人候他吃饭出恭,或大声发怒,或言活路多了,种种讨厌,难以笔述。"轿夫用他们的行为方式表达了对生活和工作条件的不满,间接地抗议他们受到的压迫。

有些当地报纸记载了轿夫们的痛苦和他们所忍受的社

消失的古城

旅途中的轿夫。
甘博摄，1917～1919 年。

会歧视。虽然轿夫们可以在街头通过自己的行为表现出他们的能力，但实际上他们经常被骚扰、侮辱，甚至成为受攻击的目标。

尤其是街头流氓，他们经常找轿夫的麻烦。一次两个轿夫正抬着一个妇女，两个恶棍突然推了一下轿夫的肩膀，想把轿子推翻，这引起了一场严重的打斗。

有时即使是街头的一条狗也会引起意想不到的后果。在 1909 年的《通俗画报》里，有一幅题为"狗翻女轿"的漫画，描绘了一条狗穿过狭窄的街道，撞倒了轿夫和一名妇女，看得旁观者目瞪口呆。

1922 年《国民公报》的一篇名为"两轿夫被鬼揶

《狗翻女轿》,《通俗画报》, 1909 年

揄"的报道,讲述了一件更为离奇的故事:

> 二更时,有两轿夫抬着空藤轿经过少城桂花街,
> 突见迎面一人头戴草帽脚踏草鞋而来。轿夫问曰:先

生坐轿否？答云坐到皇城边，即掀帘进轿中坐。轿夫
忻然抬起，走经靖国路，转八寺巷，至板桥子。两轿
夫不知如何竟抬下御河，泥水淹过半身。而行幸遇数
人持火把过河边上，闻河下踢踏喘息声，踩左，踩右
声，以火照之，呼登岸，两轿夫始恍然如梦醒来。众
询其来历，轿夫述如前情。揭帘视之，轿中并无人
焉。众骇谓曰，殆遇鬼耶？轿夫惊惧踉跄而去。

这件逸事最有趣的部分是严肃的《国民公报》的评
论："此鬼亦太恶作剧，竟揶揄及于轿夫。"

我们很难判断到底发生了什么，但无非是两种可能。
一是故事是真实的，某人以如此的绝技来捉弄轿夫；另一
种可能就是它从未发生，而是那些想要把下层民众当作取
笑对象的人捏造的故事。

在成都，街坊流传的许多故事都是以农民、妇女和愚
笨的未受教育者为中心的。这个故事或许就是这种故事中
的一个。当然，这个故事也可能有所本，但在传播过程中
漏掉了一些或添加了一些细节，从而使事情本身变得扑朔
迷离，难以理解，难窥真相。

轿夫和乘客之间的社会阶级区别非常明显。在精英们
看来，轿夫不仅体现了贫穷，而且代表道德低下。他们对
轿夫的各个方面——从外表到行为——都有抱怨。

如精英们批评轿夫："衣多不洁，往往将座垫污秽，臭虫虱蚤，无所不有。"特别是在夏天，轿夫身上有一股难闻的味道，"汗气满垫，疮痂飞扑"。

有些报纸刊登的故事标题就带有明显的敌意，如《可恨的轿夫》和《可恶的轿夫》等。他们抱怨道，轿夫不遵守交通规则，漫天要价，特别是对那些新来的外地人和乡下人，轿夫经常"欺侮"和"辱骂"他们。

由于乘轿子后价格引发争端越来越频繁，警察对成都街道里程的轿价进行规范，订立了"官价"，还发行了"价格表"。据说人们欢迎这一政策，改良者声称它能减少很多矛盾。

实际上，轿夫经常遇到雇主拒绝支付讲好的轿钱，因而引起争端。有些轿夫提出行业是否应实行一个要求预付轿钱的新规矩，但另一些人又担心这会使他们失去潜在的乘客。

为了避免不必要的竞争，每个轿行都建立了自己的生意圈，在自己的势力范围内，阻止所谓的"乱抬"行为。但是轿行的区域很模糊，争端也就在所难免。

显然，轿夫不仅要处理好与雇主、乘客间的关系，还要对付其他的同行竞争者。精英所描绘的他们的种种"不端"行为恰恰反映出他们在艰难环境中努力生存。

在任何时代的任何社会里，总是存在种种不平等，总

消失的古城

是有权的欺辱没有权的，有钱的欺辱没有钱的。在法制的社会，弱者可以用法律的武器保护自己。在非法治的社会，对于无权和无钱的人，要么选择逆来顺受，要么拿起斯科特所说的"弱者的武器"，进行力所能及的抗争。在晚清和民国时期的成都，我们可以找到无数这样的事例。

12

小商小贩给城市带来活力

　　成都的小贩是街头最抢眼的人群，他们为城市生活带来了极大的生机。不过，成都人对自己的日常生活司空见惯，很少记载细节，而外国人到成都后，便立刻被这种丰富的地方文化所吸引，留下了珍贵的记录。

　　美国传教士 J. 韦尔在 1906 年写道："这个城市好像有数不尽的方式让他们通过做小生意来谋生。"他估计成都街头大约有 150 种不同的小贩，销售食物、日用品和妆饰三大类商品。小贩们的资金很少，利润又有限，但是他们的生意可以迅速得到回报。他们不仅有能适应各个不同季节的商品，而且可以根据买主的需要采买物品。老年人和不能做繁重劳动的妇女往往以此为生。

　　下图是 1921 年《通俗画报》发表的，标题为"炎凉世界"的图画。该图的注释文字说，过路人在嘲笑卖水人的红阳伞，因为在清代，这样的伞仅供官员使用，但是现在它已经被降低等级，开始为下层阶级服务。作者在这里使用的是双关语，即卖凉水者给路人提供凉快，但是革命后这种"高贵"的阳伞落到这步田地，真是"世态炎

《炎凉世界》,《通俗画报》,1912 年

凉"啊!

　　每天清晨,各种各样的小商贩登上了他们的舞台——街头,继而在都市生活的交响乐中,开始了他们一天的表演,小贩们的叫卖声成为成都"城市之音"的

重要组成部分。小贩们的吆喝，对当地居民来说，是再熟悉不过。每一种小买卖都有其独特的叫卖方式。铜锣和铃铛是最常用、最能引人注意的工具，"当它们发出声响或被敲击时，居民们根据自己的经验，便会知道某种小贩的到来"。

小贩们带着货箱，大声吆喝，吸引买主来看他们的玉器、针头线脑、蚊香和其他日用品，女顾客则为此讨价还价。即使是类似的商品，小贩们可以用不同的鼓声来加以区别：卖菜油的小贩敲一面半月形的木制锣，卖芝麻油的小贩打一个瓷碟大小的薄黄铜盘，但卖其他食用油的小贩摇晃拨浪鼓，卖豆腐的小贩敲一个一尺多长的空竹筒。

卖甜食、玩具和其他玩意儿的小贩，最受孩子们欢迎，他们敲击一面直径大约为20厘米的黄铜锣宣布自己的到来。那些经营刺绣和价格稍贵的陶器的小贩，使用的是直径比黄铜锣稍小一点的鼓，其敲鼓的方式独特而有味道。韦尔写道："使劲地敲打一下之后，敲击速度越来越快，直到鼓声在风中持续不断地回响。这样，即使在几百码以外的买主也能听到。"

居民们能迅速地辨认出不同小贩和手艺人的叫卖声。一首竹枝词写道，

门外忽来卖货郎，

消失的古城

> 连铃鼓动响叮当。
>
> 婢供驱使娘弹压，
>
> 挑拣全凭女主张。

一位老茶客回忆起当年买卖旧货的小贩抑扬顿挫的吆喝声，记忆犹新："牙齿，牙齿，金牙齿；手表，手表，烂手表。要不要珍珠？要不要玛瑙？要不要珊瑚？要不要茶壶？……"

从早到晚，商贩们在街头来回游走，用他们独特的声调吸引顾客。黎明时分，城市被从茶馆、街边小店、手推车传出的各种杂音和小贩的吆喝声唤醒，街头巷尾到处充斥着"炮（读：pà）豌豆！""豆芽儿！"的叫卖声，这都是一般家庭最普通的菜肴。

小贩是市民日常生活中一个不可缺少的部分。食品小贩几乎能到处摆摊设点——街角、人行道、寺庙或茶馆外，甚至官府门前，这些公共空地都是他们支起货摊做买卖的好地方。

成都尤以美食闻名，特别是芳香可口的小吃，吸引了众多食客。清末，外国旅行者把卖小吃的摊点叫作"街头厨房"（street kitchens）或"流动饭馆"（itinerant restaurants）。

那些街头食摊每天营业的时间很长，通常是从黎明到

1941 年《华西晚报》描绘的夏天卖驱蚊烟
的小贩。他们典型的吆喝声为："蚊烟，药蚊烟！
买香料的蚊烟……"这样的吆喝声甚至到 20 世纪
六七十年代的成都还可以经常在街上听到。

午夜。其设备很简单：一根扁担，一边挂木桶，里面放着
锅碗瓢盆，另一边挂炉子。一个抽屉可以随意打开，里面

**1941年《华西晚报》描绘的街边小吃系列:
卖抄手和小面的摊子**

装满了豆瓣、酱油、红辣椒、姜米、香料和泡菜等调味品。有的街头摊点也摆放了几张桌子和几条长板凳,但大多数顾客只能站着或者蹲着吃,人们也并不以此为不便。

普通人特别是体力劳动者是食品小贩的主要顾客。在路口有很多饮食摊为路人和苦力供应早餐,到这里吃东西的主要是轿夫、鸡公车夫、人力车夫和搬运工。在开始他们一天漫长而艰苦的劳作之前,他们需要一些"暖身的东西"。

他们喜欢吃鸡蛋大小,中间夹有黄糖的汤圆,正如一个传教士观察到的:"三四个小钱就可以买五个热腾腾的

豆浆摊子，《华西晚报》，1941 年

肥肠粉摊子，《华西晚报》，1941 年

汤圆，这将在早餐之前为走六七英里（约 20 里）路垫肚子。如果没有这顿温暖的小吃，贫困不堪的苦力很少会开始工作，特别是在秋冬两季。"

烧鸭子摊子,《华西晚报》,1941 年

　　一位外国旅行者回忆道,当卖油煎小吃的小贩经过街头时,他们"几乎不自觉地就会叫住他,品尝他的食品"。成都人喜爱吃油炸的、面粉制成的锅魁和油条。

　　另一种在劳工阶级中受欢迎的食品是饺子。在薄木做成的圆蒸笼或发亮的罐子里,饺子保持着热度,当他们"下市后在回家的路上或是在负荷沉重需要一份快餐时",就可以吃饺子。日落后到上床睡觉之前,居民们也喜欢走到外面买一碗面条,"滚烫的热度,可口的鲜汤,很好地与顾客选择的作料一起调出美味来"。

卖日常用品的小贩也遍及全城,妇女们经常同他们讨价还价。卖花的小贩日夜在茶馆和街头出售篮子里的鲜花。卖鲜花或其他植物、首饰和外国小玩意儿的小贩,被称作"花担子"。

那些挑着货担或扛着麻袋在街上收购废旧书报、纸张和衣物的人,叫作"收荒"。在街头游走的书商把他们的书悬挂在"事先准备好的竹架上,在街头、茶馆或戏园子里走来走去,兜售图书"。

成都郊区龙泉驿的流动书贩。麦登斯摄,1941 年。

有些小贩只在成都或四川才能见到。一类人是"装水烟"的,在外人看来这是"一种有趣的职业"。装水烟的人通常在茶铺、烟馆、酒店、戏园和集市上做生意。他们待在那里，如果有顾客要吸烟，他们就把黄铜水烟壶和烟丝递上。

如果烟枪不够长，他们以备用烟管连接。这个方法适应了茶馆里十分拥挤的状况，那些水烟贩不用移动就能把烟送到顾客面前，方便为更多的烟客提供服务。一般的价格是两个铜钱抽五口，但一些烟贩也给顾客"分次吸食的权利，即当天吸两口，以后无论何时水烟贩遇见他，再吸剩下的三口"。

这种灵活的方式适应并满足了不同层次顾客的需要，即便是非常贫穷的人也能抽上几口烟。这种长烟管，在20世纪50年代的成都茶馆里仍然可见。

与"水烟贩"一样，"烘笼"也是地方物质文化的一种，由于成都的燃料昂贵，所以成都平原的居民们除了做饭外从不生火，以节约燃料。在冬天，一些小贩出售暖手暖脚的烘笼。

烘笼是手工编制的竹器，里面是由土陶罐做成的小炭炉，装有木炭或木渣，生着微火，以供取暖。暖手的烘笼，言下之意是用手捂着，但暖脚的篮子却是放在长袍下面的。远远望去，对外国人来说，看起来"就像怀着孩子的女人挺着肚子"。这东西简单又便宜，甚至最贫穷的人也能买得起。

　　小贩们用各种各样的方式确保他们的生意顺利。无论是酷暑还是严冬，他们游走于大街小巷，竭尽全力、不分昼夜地谋生。他们知道在什么时候、什么地方能找到买主，知道怎样以最低的价格进货，知道有多少利润就卖掉手中的商品，也知道怎样能使他们的商品更有卖相。

　　传教士徐维理（William Sewell）描绘过小贩们利用各种机会赚钱的情形。例如在成都遭水灾后，洪水刚退，"卖面条和豆腐的小贩就来了，他们敲着罐匙，噼里啪啦，吸引顾客"。

　　即使战争也不能让小贩们停下手中的生意。1917年，成都街头的巷战尚未完全停息，小贩们就冒着生命危险出来兜售货物和食品了，而此时正规的商店不会开张营业。大多数小贩都努力挣"诚实钱"，但也有一些小贩雇人假装买货以诱骗顾客。有些小贩，特别是卖糖果和食物的，用诸如掷骰子或抽奖的游戏来引诱过路人。这些做法被认为有欺骗性，精英们想方设法予以禁止。

　　无数的街头小贩与固定的商店将街道连接起来，极大地扩展了城市的商业空间，对形成城市活跃的街头文化产生了积极的作用。街头小贩、工匠、手艺人，以及各种临时雇工，为市民的日常需求而工作。如果没有他们，不但人们的日常生活会有许多不便，而且这个城市将会失掉许多生机，会显得沉闷而没有了蓬勃的气象。

13

新旧交错的"改良时代"

　　历史是精英写的，所以我们今天所看到的历史上的民众，都是透过精英的眼睛才能看到。在 20 世纪初，中国人开始"被启蒙"的时代，民众是怎样被精英所描述的呢？

　　在精英的笔下，民众就是"乌合之众"，无论是行为，还是思想和信仰，都存在严重的问题。

　　因此，在这篇文章中，我想讨论的不是 20 世纪初民众的真实面貌，因为这样一篇短文不可能说清楚。我要谈的是：在精英眼中民众的形象，民众是怎样被精英所描述的。

　　晚清时期，一场由新型的和西化的社会改良者领导的，旨在抨击大众文化和大众宗教的激进运动，轰轰烈烈地开展起来。

　　20 世纪初的中国城市经历了一个"改良时代"。但这些改良者究竟怎样理解"改良"和"维新"这样的词呢？他们的标准和模式又是什么？

　　1909 年成都的《通俗日报》上一篇题为"说新"的文章，部分回答了这个问题。这篇文章写道，"新"是"旧"的反义词，作者认为以过去为基础的事物代表

"旧",以现在为指向的事物代表"新",因此既有的传统和风俗都是旧的和不可靠的,需要改革,改革的结果就是"新"。

《说新》,《通俗日报》,1909年

按这篇文章的说法,所有的传统都是愚昧落后的,因为它们是旧的东西。"文明"这个词在晚清流行一时,但它主要是指西方的观念和行为,改良者把这些观念和行为介绍到了成都。这一认知反映了改良者追寻西方的紧迫感。

精英们留下的描述和批判公众行为的记录,是我们考察他们对普通民众和大众文化态度的极好资料。他们对普通人和大众文化总是持批评态度,对民众日常生活的每一个方面——从穿着到行为方式——都进行了抨击。

在他们眼里,普通市民卑下、愚昧、空虚、不诚实,

消失的古城

"镇日斗牌无别事，偷闲沽酒醉陶陶"，便是他们对民众的画像。

他们也批评那些行为不端的，蓄着长发，与狗逗乐，酗酒赌博，结交妓女的"街娃儿"。街娃儿经常到某个固定场所聚集，比如御河岸边。因此，他们告诫道："莫向御河边上去，染成逐臭一班人。"

成都少城公园。
工笔画长卷《老成都》，孙彬等绘，1999 年。

20 世纪初，精英们总是将普通民众与西方"文明人"进行比较，批判的调子达到了新的高度，似乎无论在哪一个方面，民众的行为都难以接受：上了年纪的人

在茶馆里散布流言蜚语，年轻人藏身于城墙上偷看妓女
（妓女集中的新化街靠近城墙，在城墙上可看见妓院里
的动静），女人们被算命先生或江湖郎中的瞎话弄得神
不守舍，等等。

精英们甚至对一些细枝末节的问题也看得很重，1914
年《国民公报》的"时事评论"栏有一篇题为"可恨"
的短文，严厉谴责了那些折断树枝的人。作者声称，在上
海的公园里，外国人挂出"华人与狗不得入内"的告示
牌，并不是蔑视和羞辱中国人，而只是希望借此杜绝国人
对树苗的损坏。

虽然这样的论点未免牵强，但可见他们对民众所谓落
后行为的处心积虑。这篇文章还提到了"文明"这一概
念，指出攀折树枝的举动与动物无异。

我们知道，"华人与狗不得入内"这一标志，历来就
被中国革命家们用作例子，证明洋人是怎样无所不用其极
地对中国人进行污辱和歧视，从而激起国民的反帝情绪。
然而这篇文章从"文明"的角度着眼，反其道而用之，
来揭示改革和教育下层人民的重要性。

改良者认为大众娱乐是造成公众"丑恶"行为的重
要原因之一。在他们眼里，所有男女演员的表演都是
"故作丑态"，"俗不可耐"，其表演是"不健康"的。街
头表演的相声吸引了数以百计的人观看，但语言却"下

流"、"放荡"。

"柳连柳"被他们认为是"最下流"的表演，唱者拿着一根挂满了铜钱的竹棍，边唱边用竹棍敲击身体作为伴奏。他们经常使用一些很粗俗的方言，让精英们觉得"不堪入耳"。其中最常演的曲目是《小寡妇上坟》，精英们认为这种节目十分"丑陋庸俗"。

与中国传统的知识分子一样，20 世纪初的精英们猛烈抨击所谓的"迷信"思想，诸如邪神崇拜、惧怕厄运、笃信巫医等，并且不遗余力地嘲笑贬低那些所谓"迷信"的人们。

然而，精英文人最猛烈抨击的是所谓的"迷信"活动。例如，每年正月十五，人们都会拣回一些象征金元宝的鹅卵石，以驱除"穷鬼"。精英以一首竹枝词嘲笑这种行为曰：

牛日拾来鹅卵石，

贫富都作送穷言。

富家未必藏穷鬼，

莫把钱神送出门。

对那些大众宗教仪式的批评则更为猛烈，认为人们烧香拜佛都是"不文明"的愚昧行为。一次，一个女人在家里给观音菩萨烧香时引着了火，当地报纸以一种讽刺的口吻报道了这件事："拜观音请到火神。"

庙里的鬼塑像，甘博摄，1917～1919 年

在成都，人们认为菜油洒在街上是不吉利的，谁要是不小心把菜油洒在街上，就得买来"纸钱"放在油上，

点着火，嘴里还念念有词，求神灵保佑避祸，当地叫"烧街"。有一次，"烧街"的火势蔓延，堵塞了交通，而人们却站在一边袖手旁观，精英对此愤慨不已："正当烈日，偏有十余人围观烤火，真是不可解。"

他们还嘲笑许多市民每当新年将至，就在自己家的门上贴门神，真是愚蠢至极：

> 街头爆竹响愁人，
> 肖像桃符彩换新。
> 堪笑成都迷信久，
> 年年交替说门神。

农历七月二十二日是供奉财神的日子，那时街上要放鞭炮，市民忙着敬神烧香。如此做法又引起了改良者们的讥讽，《通俗日报》上的一篇文章指责道：

> 每年七月二十二，是佛教人敬财神的日子，大街小巷爆竹连声，磕头烧香，大家忙乱，究竟这件事极是一段笑话。……
>
> 可笑各店铺各住户，年年到那一天全都拿敬财神为最要紧的一件事（也有人不信这个，但不能不随俗的），请问敬财神的准可以发财吗？近来穷人一年

作者收藏品

比一年多，难道说是没有敬财神吗？……

　　要说不敬财神就不能发财，凡是不敬财神的就该全是乞丐，怎么教人不敬财神的，也有发财的呢？怎么外国人不敬财神，人家国家合商人，多有比中国富足呢？可叹愚民不信真理，偏信假话。

消失的古城

　　其实敬财神发不了财，反倒先破财。你们看街面店铺，要是讲究一点的，这敬财神一天的费用，如买爆竹、买贡物、买香烛等件，热闹一日点灯一夜，就须二三十两银子。

　　那穷家小户，也敬财神，这一天的费用，足够过三天的。这不是没发财先破财了吗？要说是这是下本钱，以后必可以发财，怎么中国的商民，都一年比一年穷呢？怎么大家都不醒悟呢？

　　要是果真坐在屋里什么都不干，专敬鬼神，自然就会从天上落洋钱，我就信那财神真有灵。到底哪里有什么财神，哪里有这个事呢！

这样的观念也反映出社会精英的信条，即成功来自劳动，而不是烧香敬佛。但他们却不懂得对物质生活贫乏、辛勤劳作而难得温饱的贫民来说，这样的精神寄托有多么重要。

端公是改良者经常攻击的对象。端公号称有超自然力量，可以驱恶除魔，救治病人。当时成都许多人都相信巫术，精英对此多有批评。他们指责在端公施法的过程中，午夜时分方圆几里都可以听见鬼神哭嚎的声音。端公跳神时还要敲锣打鼓，却全然不顾病人的恐惧。

端公在屋顶上挂上符咒，所谓驱散游魂野鬼，但精英

俞子丹绘，20 世纪 20 年代

揭露，他们不仅未能驱散鬼魂，还使病人情况恶化，并趁机敛钱，因此端公实际是"阎罗"的帮凶，因为他们"无刀会杀人"。

当时有一家报纸报道了这样一件事：一个端公在一天晚上驱鬼回家的路上掉进了水塘，他抱怨说自己是被魔鬼缠上了身。报纸称他为"水端公"，质疑道："端公自谓为鬼所祟，能为人取鬼，而不能自御其鬼，该端公之法术，亦可想见矣!"

庙里的鬼塑像，甘博摄，1917～1919 年

　　虽然精英一直在激烈地批评，但巫医治病的习俗一直延续下来。我们在巴金的小说《家》中可以看到，在 20 世纪 20 年代端公驱鬼仍然流行。在主人公觉慧的祖父临死之前：

　　一天晚上天刚黑，高家所有的房门全关得紧紧的，整个公馆马上变成了一座没有人迹的古庙。不知道从什么地方来了一个尖脸的巫师。他披头散发，穿了一件奇怪的法衣，手里拿着松香，一路上洒着粉火，跟戏台上出鬼时所做的没有两样。巫师在院子里跑来跑去，做出种种凄惨的惊人的怪叫和姿势。他进了病人的房间，在那里跳着，叫着，把每件东西都弄翻了，甚至向床下也洒了粉火。不管病人在床上因为吵闹和恐惧而增加痛苦，更大声地呻吟，巫师依旧热心地继续做他的工作，而且愈来愈热心了，甚至向着病人做出了威吓的姿势，把病人吓得惊叫起来。满屋子都是浓黑的烟，爆发的火光和松香的气味。

　　尽管巴金以一种写实的笔触描写了这个片段，但从字里行间我们还是可以看出他对端公的反感态度，其实当时的新知识分子都存在类似的看法。西化的社会精英认为，大众文化和宗教是现代化的最大障碍。

　　还有人竭力主张禁止"迷信"作品的出版发行，这其中包括《封神演义》和《西游记》等古典名著，以及所有与妖怪神鬼、佛教、道教相关的书籍。

　　改良者在他们的文章中始终鼓吹这样一个观点：中国的传统愚昧落后，外国的文化则文明进步。例如，《通俗

祠堂和大家族。那爱德摄，1910 年。

日报》曾撰文指出，日本人和西方人经常会在各种场合阅读报纸，不管是在火车站、商店，还是在理发店、人力车上或餐馆里。

据这篇报道说，1908 年，有些新型茶馆开始给茶客提供报纸，这其中有怀园、宜春茶楼等，一些餐馆也纷纷加以仿效。新兴的精英们认为这是一条文明之道。

成都有一家人突破传统习俗的束缚，举行了新式婚礼，当地报纸称赞"此举极端文明，既能破除旧习，又复节减金钱"。

同时，他们嘲笑旧式婚礼，称吹奏喇叭助兴是"形式腐败",而用西式乐队举行娶亲,"彩舆之前,列军乐队,十余人随走随奏",则是"文明可喜"。

可见西方文化在这些精英心目中的形象和地位,对西方的崇拜和中国传统的蔑视形成了十分鲜明的对比。

与这一趋势相反的是,另一些精英成员则不赞成一味地崇洋媚外。他们看不惯那些穿西式服装的人,《通俗画报》上曾刊登了这样一幅漫画:一位男人因为服装样式不中不西,被骂为"中西人",作为"社会百怪"之一种。

《通俗日报》还刊登了一篇题为"真阴沟跌假洋人"的消息,作者嘲讽一个穿着洋服装的人,掉进了土坑,弄破了衣服。记录者没有表示同情,反倒取笑"假洋人"的不幸。

在晚清,崇拜西方已非常流行,《通俗日报》上的一则故事讥讽的就是这类人。有一个人到国外旅行,带回了许多稀奇古怪的玩意儿。他的亲戚朋友来看他的时候,发现他的外貌改变了不少,他剪掉了长辫子,着西服,蓄西式小胡子,"文明的了不得"。

亲戚朋友们问他去了一趟外国,都有哪些收获。他一边从箱子里拿出东西来炫耀,一边说:

> 你们诸位看,人家外人的东西,够多好!咱们中国人是不能的。……临末了拿出一个小藤子枕,遂对众人说道:"你们诸位看,这藤子枕做得多么精致!又凉爽,又

《通俗画报》刊讽刺画《中西人》，1912 年

轻秀，大概是机器做的。我们中国人是万万不能的。"

　　旁边有一年老人，实在闷不住，遂插口道："先生这藤子枕，是阁下祖上传下来的东西，你临上外洋去的时候，带了走的。如今你把它当作外洋做的了。"

　　某甲面红过后，遂说道："虽然是中国做的，可
是从外洋游了一趟回来，可就显得高得多了。"闻者
无不大笑。

　　从这个"枕头"故事，我们可以觉察到文章对盲目
崇洋的批判态度。关于成都的描述，反映出在当时确实存
在很深的代沟，年轻人多提倡接受西方观念和文化，而老
年人更倾向于维持传统。

　　在新旧两极之间，也有人力图找到一个中西方文化的
平衡点。虽然西化的精英们对传统文化抱有偏见，但大多
数改良者既沿袭了中国传统儒教的价值观，亦同时认为西
方观念并不与之冲突。

　　尽管他们接受了不少西方新思想，但传统价值观念依
然根深蒂固。换句话讲，不管是源于西方文化，还是东方
文化，只要对改革有用，他们都会试图加以运用。

　　总的来讲，精英改良者对中西的价值取向所持的是一
种现实和适用的态度，因此他们的改良措施经常都表现出
新旧兼具的特点。然而，无论他们是西方派，还是传统
派；无论是新派，还是旧派，他们对民众的蔑视、对大众
文化贬斥的态度，却是一致的。

14

20世纪初的城市"现代文明"

在 20 世纪初，整个中国经历了巨大的社会文化变迁，城市便是展示这种变迁的窗口。中国现代城市管理的概念，也便是中国城市"现代文明"，是从 20 世纪初开始的。这个"现代文明"，在许多中国城市，就是以设立商业中心（当时一般称"劝业会"，或者"商业劝工会"）和公园为起点的。

从义和团运动之后由清政府发动的"新政"开始，地方精英主持了一场轰轰烈烈的社会改良运动。在这个运动中，改良者试图改造公共空间，改变城市面貌。

城市变革的原因是多方面的，其中包括精英人士对民众公共行为的不满，西方文明对中国社会生活的影响，以及新的物质文明产生的新文化。

改良者试图以日本和西方城市为模式对中国城市进行改造。20 世纪初的新政在经济、政治、教育等领域给社会带来了巨大变化。

要进入"文明社会"，必须打开人们的眼界。社会改良者深信，博览会是推动社会文化发展、促进技术和工商业进步的动力,同时为了实现自己的目标,他们也极力提倡举办庙会,并赋予其新的内容。

1904年,成都劝工局"仿日本劝工场办法",设立产品陈列所。1905年,成都总商会举办劝工会,商品可在该处进行展销。

另外,劝工局和总商会搜集了数百件传统和西式商品在商会总部展览。此后,新型的公共商品陈列场所迅速发展起来。

到1909年成都劝业场建成,容纳了一百五十多家销售高质量产品的店铺,并且以展览国外和地方产品为特色。改良者将其看作成都迈向商业近代化的一个重要步骤。这个商业中心充分展示了清末民初成都新兴的商业空间和文化。1910年它更名为商业场。在经历了一场大火之后,1918年它扩张到三百多家铺面。

该商场建于晚清,从下面的照片和绘图中,我们可以看到建筑是典型的欧式风格。屋顶还有一座钟,那是成都第一个钟楼。劝业场后改名"商业场"。

商业场在整个成都乃至四川地区都是首屈一指,它集众多商店于一体。此外,其把西洋和传统商品共同陈列,也堪称前所未有,从而也改变了城市的景观和公共设施的面貌。

这一新兴商业中心不仅吸引了众多的消费者,也启发

消失的古城

1909 年《通俗画报》描绘的劝业场

了人们新经济观念的产生。社会改良者利用这个中心向民众鼓吹"新亦优"、"旧亦劣"的观念,希望人们通过商业场了解世界,并学会新的经商之道。

事实上,商业场的确反映了成都新兴商业文化的萌芽。在这里,所有的商品都被要求明码标价,以减少价格欺诈,这在成都是前所未有的。

因此,中心吸引了全省各地来的买卖人和消费者,商业日趋繁荣。商业场的成功对其他主要商业街区的店铺产生了一定影响,如走马街、东大街和总府街等以及大多数商业区也逐渐采取了同样的标价方式。

商业场不仅是一个购物中心,同时也成了公众娱乐的场所。比如,孩子们往往把它当作游乐场。据当地报纸反映,孩子们在那里惹事讨嫌,吵吵闹闹,跳跃爬栅,使商铺和游人都烦恼不已,以致警察出面予以控制。当小孩对警察的警告置之不理时,警察便强行让他们跪在地上,"以肃场规"。

商业中心的游览者越来越多,当局担心男女混杂会惹是生非,于是禁止妇女夜间入内;为安全起见,二楼也禁止大量的人流入内。据《通俗日报》的统计,仅1910年的大年初一,白天就有33756名男性和11340名女性游览商业场,当天晚上,有超过五千人到此游逛。

当时还是一个读书青年的文学家郭沫若,就曾在他的作业中写了若干关于商业场的竹枝词。其中一首是:

蝉鬓疏松刻意修,

商业场中结队游。

无怪蜂狂蝶更浪,

牡丹开到美人头。

它十分生动地描绘了许多精心打扮、惹人注目的妇女游商业场的景况。也透露了郭沫若这个风流才子,小小年纪便对妇女就有那么细致的观察。

劝业场也成为建立新商业文化的先驱。改良者指出,

消失的古城

商人们养成了很多"恶习"，如对顾客态度的不端。当一名顾客走进一家商店时，店主并不总是起身相迎。对于农民，他们往往都很歧视或怠慢。他们经常拒绝回答顾客的问题，也不想查验是否存有顾客询问的货物。如果顾客想讨价还价，店主便会大怒并口出恶言，似乎这些店主并不想跟人做生意，他们的所作所为就是要把顾客赶快打发走。

20世纪90年代作者到商业场考察时，就发现和周边更现代高端的商场相比，它已经显示了衰败的景象

1909年，由改良官员周善培主持的四川劝业道发布了若干公告，以促进新商业文化，提高当地商业发展水平。其中包括若干项改善对顾客服务的规定，如热诚待客，清验存货，引导顾客货比三家等。训令要求店主不能回绝顾客开价，而要礼貌地同顾客磋商，同时也要求他们更有耐心地对待顾客，甚至端茶上烟。

劝业道希望店主们懂得，如果他们优待顾客，顾客可能会因不买东西就走而备感愧疚，至少会改日再访。如果店主谩骂顾客，或者违背职业道德，劝业道将给予警告，甚至令其店铺关门。

劝业道还要求所有商店将这一告示张贴在各家铺门上，让其严格照章执行：

> 东家教导管事，管事教导先生，先生教导徒弟，彼此自劝自惩。一面真正教导，一面稽查留心。先生如果不听，换去另用好人；学徒如果不听，尽可店主告之铺主，铺主告之师傅，师傅告之学徒。所有商店都要严格执行规定。如果师傅没有照章办事，将被他人取代；如果学徒没有履行，戒责手心。总要从前恶习，从此斩草除根。

对店铺学徒的身体责罚已约定俗成，看来"西化"精英们并不打算改变这个"落后"的做法，他们的措施也有新旧兼具之特点。

改良者还顺利地将传统花会改为劝业会。每年春天举办的花会曾是成都最大的公共聚会，对改良者来说，这是可利用的极好资源。1905 年，商务局"仿外

消失的古城

洋赛会之意"，提出将省城青羊宫花会改为商业劝工
会。此年候补道周善培主管四川商务总局，遂将每年
春在成都青羊宫举行的花会改为劝业会，"征求各属所
出之天然物品及制造物品，于此时运省赴会，陈列出
售，籍资观摩砥砺"。劝业道把青羊宫的传统花会变为
商业劝工会后，那里可以销售来自整个四川地区的
货物。

1906 年春，第一次盛会展出了三千四百多种源于各
店铺、工场及作坊的货物，并提供了住宿、休闲和娱乐的
场所。之后，一家动物园在劝工会开业，展出珍奇动物，
如独脚鸽子和有鸦片瘾的猴子等。

在 1911 年前，此类盛会在成都举行过六次。这的确
推动了城市改良的进程，参观者无不留下深刻印象。官方
在每届盛会期间还举行评奖活动，以此鼓励各业积极参与
新产品的制造和销售。

每年春季，商业劝工会就成为成都一大游览胜地。当
春天到来，人们热衷于户外活动，商业劝工会便成为首选
之地。

由于这个活动有相当大的人流量，因此城市也借机修
建了第一条大马路，并提供马车以方便市民。在花会期
间，农村中常见的运输工具"鸡公车"以其价廉很受青
睐，有一竹枝词半嘲讽似的写道：

花会。每年春天在青羊宫和二仙庵之间举行，
为成都最大规模的传统公共聚会。
工笔画长卷《老成都》局部，孙彬等绘，1999 年。

水程陆路免周旋，

花市游人惯省钱。

一二十文廉价雇，

独轮车子半头船。

清王朝解体后，花会恢复了旧名，每年春天它仍是成
都最大的公众聚集活动。许多记录里都描述了那里盛装的
游客、为商贩兴建的棚子、美貌而引人注目的姑娘，以及

**1911 年第 4 次劝业会，会场在青羊宫和二仙庵之间，
图中可以看到临时搭的展览棚。那爱德摄。**

人们在这里获得的无尽的欢乐。按惯例，花会应在农历二月底结束，但不断上涨的人气使其时间延长，甚至到农历三月中旬才闭幕。过于拥挤的人群也引发了许多问题，如秩序混乱、丢失小孩等，当地报纸甚至呼吁家长们不要带小孩来此。

从 1919 年开始，花会还办起了一年一度的武术比赛，吸引了更多的人。20 世纪 20 年代，当劝工会因为军阀混战停办多年后重新开放时，在举行展览的同时又增设了赛

1911年四川第4次劝业会的颁奖仪式。那爱德摄。

马活动。

公园的建立是晚清改良活动的又一里程碑。少城公园开放于20世纪初,旧址是早年供少城里的旗人训练骑射的场地,随着八旗制度的衰落,其训练场逐渐转化为稻田和菜园。新政时期,在该旧场地上修筑了亭子、茶馆、店铺、戏园、花圃,设立少城公园,这里成为成都市民的最佳休闲场所。

1911年辛亥革命以后,少城公园继续发展。1913年教育、实业、内务三司合作在公园里兴建了一座展览厅和图书馆。尽管不允许女性夜间在那里逗留,但因为安装了

人民公园内的鹤鸣茶馆，是少数仍然有着
老茶馆风味的茶馆之一。作者摄，2003 年。

电灯，公园傍晚后也能对外开放。1914 年新增了一个展厅、一个动物园、一条小人工河和一个池塘，风景也大有改观。

　　20 世纪 20 年代，军阀杨森邀请醉心于"教育救国"的卢作孚推动四川教育，卢在少城公园设立成都通俗教育馆，一个动物园，一个游艺场。他对公园重做规划，包括竹林、草坪、花圃、亭台等，整个公园面貌一新。通俗教育馆包括一个博物馆（分自然、历史、农业、工业、教育、卫生、武器、金石 8 个陈列室）、一个图书馆、一个讲演厅、一个公共体育场等。体育场内有足球、篮球、排球、网球、田径等项目的相应设施，成为市民开展体育活动的场所。

我们看到，城市改良者把改造公共空间和公共生活作为他们的重要使命，在城市改良中所取得的成功使他们的影响力日益提高。为实现城市改良的目标，他们采取了两项策略，一是根据他们的构想来重新塑造城市空间，二是巩固他们对普通民众的领导地位。从20世纪初开始，这些改良精英便在政府的支持下谱写了一首意义深远的改革变奏曲。

15

改良时代的新娱乐

20 世纪初是中国的改良时代，也是一个国家机器不断强大，对人们思想和行为不断施加影响的过程。现代化对普通市民的日常生活产生了极大影响。新式商品的流入不仅丰富了他们的物质生活，也激发了他们对外部世界的好奇心。成都这个相对闭塞的城市出现了不少新式学校、书局和报纸，进一步推动了对公共空间和街头文化的改革运动。当成都的大众休闲活动越来越丰富的时候，改良者又试图通过新的休闲方式、音乐、体育等方面的改革来改变下层民众的生活习惯。

1915 年，成都市民第一次看到了飞机表演，听到空中传来飞机的声音时，他们爬到屋顶去观看。飞机撒下五彩缤纷的纸片，"见者无不拍掌称快"。这时，成都人还第一次看到了外国表演团的演出，上千人在关帝庙观看了日本魔术团表演的"电术"和"变术"。

新式学堂带来了西式的公共演出和体育运动。在某种程度上，学生已成为传播新型大众休闲娱乐方式的一个重要群体。例如，幼孩教养工场就组织了一个行进乐队，经过几个月的排练，这支队伍已能胜任"行奏"和"坐

**图画中展示了许多市民在观看飘荡在
东较场上空的巨型热气球,《通俗画报》, 1909 年**

奏", 工场还对外出租乐队以"改进文明", 据称"声音
之道, 感人最深, 移风易俗, 莫善于乐"。

成都市民经常在大街上看到学生们"排队前行, 大
大小小的队伍, 或走单排, 或成双列, 举着旗帜, 拿着鼓
号, 径直朝操练场走去"。1906 年, 第一届学校运动会在

北较场举行，那里平出了一大块椭圆形场地，四十多所学校和一支军乐队参加了这次比赛活动。

20 世纪 20 年代后期，成都引进了一些诸如足球等新运动项目。跳舞补习社也修建了训练的舞厅，男女分开学习。甚至也有乐团开始公开演奏贝多芬的作品。在新式娱乐活动的冲击下，一些传统的娱乐形式，如木偶戏和皮影戏，由于缺乏竞争力而逐渐失去了观众。

这些对新文化生活的描述虽然不尽完备，但清楚地表现了这个年代所发生的种种变化。无论是内容上还是形式上，人们的消费方式都发生了很大的转变——从地方戏剧的改革到新剧场、新茶馆、电影、热气球、飞行表演、乐队、舞厅及交响乐队，等等。

电影最晚在 1909 年已引进成都，也可能是成都的第一个"现代"意义上的娱乐项目。在《成都通览》中，一幅《电光戏》图画的说明称，傅崇矩从日本带回了一台可在公共场地放映的电影机。电影吸引了许多人，如果在新式茶馆戏园启智园、可园和玉带桥等地放映外国电影，总是顾客盈门。

1909 年的《成都日报》便经常刊登"活动电戏"的广告，从下面的节目广告，可以看到放映的电影包括了鬼怪故事、伦敦景致、海军训练、日俄战争和西方魔术等内容。改良者认为，外国电影在倡导英雄主义、忠诚、信任

《电光戏》，傅崇矩：《成都通览》，1910 年

方面有独到的效果，因为这些电影总的说来是写实主义的，而且合乎情理。

所有这些变化中最具深远意义的是，流行的休闲娱乐方式吸收了西方的新元素。这个内陆城市有机会接触到非中国式的娱乐方式。这种文化观念的转变，反映出了物质生活方面出现的新因素，以及整个社会的演化。

由于观看地方戏仍然是最流行的公共娱乐方式，改良者便首先改良戏曲。改良者怎样理解地方戏剧与社会的关系？他们明白戏曲会影响甚至培养公众的品质，也相信改革地方戏是改革社会风俗的最好方法之一。他们宣称：

目片戲電大動活橋帶玉

門首購票六鐘開場七鐘

海軍 操演
酒醉遇鬼 脫衣
野人鬭食之遊戲
日兵戰敗赤十字會收負傷兵士
法國高等女學生大運動會
日俄沙河大陸戰
美國火山大破裂
東京動物園虎豹象仙
鶴羊熊猿飛禽寫真
西人魚船爭鬭落水 奇観
西洋旅店看花大游戲
巡警救火之武勇
西人懼內 奇観

開演九鐘止演 正座 四角 副座 二角

{五月二十九日晚開演}

"活动电戏"片目,《成都日报》,1909年

"时常演些改良的新戏,大概于社会人心上不无小补吧。"

《通俗日报》上有一篇文章解释了人们愿意花钱、花时间看戏剧的原因。

首先,看戏能帮助人们"排除忧闷",如果让一个病人或身陷困境的人成天待在家里,他极有可能沉湎于苦境而更感不快。但如果他花一点钱,和朋友们一起去看场戏,他也许会想点其他的事,感觉也会好些。

其次,看戏可以"活泼心思",当学者或学生"脑筋

枯室"时，看戏能使他们茅塞顿开。

最后，看戏能"陶冶道德"，尽管戏剧情节时有荒谬并曲解历史，但能触动人们的心灵并引导他们明辨是非。

戏曲艺人，俞子丹绘，20 世纪 20 年代

文章总结说，戏曲改良能促进一种新社会环境的形成。社会精英和政府都担心旧戏曲会给人们的思想行为带来负面影响，因而进行戏剧改革就非常有必要。1903 年，新成立的警察局专门制定了《检查戏本肃清戏场规则》，要求"各戏班先以其所有戏文呈验警察局"，凡"悖逆淫荡、有害风俗者，应行禁止"。警察甚至还可以规定"禁唱某句或某节"，"其演唱之时或有戏异而词气之间不免悖逆淫荡者"，警察也可随时令其停演。他们试图以此办法来"净化"戏园。

在成都总商会的支持下，以谱写和排演旨在"感化愚顽"的戏曲改良会成立了。该会以良家女子、处女和寡妇为最关注的对象。改良者认为，如果让她们观看"淫戏"，其后果不可想象。因此，改良者提出："劝劝认识字、懂得理、顾廉耻、保名誉、管得了家里的人、作得了女子主的诸君子，千万别叫妇女听戏。"

这里改良者对戏剧的社会功能持基本的否定态度，他一方面谈改良，另一方面却鼓吹男人对女人的进一步限制。他甚至暗示如果让自家妇女去看戏的话，便是"作不了女子主"，以利用过去男人普遍具有的大男子主义和自尊心，来达到约束妇女参与公共活动的目的。

因此，对这些精英来说，当谈到戏曲改良时，他们是改良者；但当涉及妇女进戏院时，他们又成为保守派。这种角色的自我冲突经常体现在他们身上。

改良者把他们的主要矛头对准"凶戏"和"淫戏"。

1912/3 Chengbu

坐在轿子里的路德维希·魏斯，在去领事馆的路上，1912~1913 年。

成都东北部的街道，领事馆附近，1907~1910 年。

成都城门外，鱼篓放在水里可以保持鱼的新鲜。

图上 | 可能是前往衙门，1905 年。

图下 | 成都的码头，约 1905 年。

图上 | 节日期间成都的街头，约 1912 年。

图下 | 成都的码头，约 1905 年。

在时任四川总督赵尔巽的宅院中，1907 年。

前排从左至右：1. 提学使司 Fong Ho-Chai；3. 中国将领 Su；4. 四川总督赵尔巽；5. 满族将军 Cho Ha Pu；6. 川滇边务大臣赵尔丰；7. 将军 Ma；8. 天主教主教 Monsignor Rouchose。

后排从左至右：1. 法语翻译 Chong Weipin；2. 助理主教 J. Pontvianne；3. 德国领事弗里茨·魏斯；4. 商会会长；5. 盐税地方官；6. 法国领事韦尔登。7.（或 8）负责外交事务的大臣。

成都保路运动纪念碑，王笛摄，1997 年。

街头的表演。工笔画长卷《老成都》局部，孙彬等绘，1999 年。

可園○廣告

詠霓茶社閏二月十一特請

明日戲目

射白鹿　紫金鈴　意中願（三段）　七星過山　搶傘過琴　請丑

蘇正乾　張川　彩元霞　劉世玉　文世兆　龍娃子　劉海廷　翠海仙　八娃子　二娃子　藍娃子

入娃子　唐歟寧

長樂班頭等名角在園演唱

諸公請看

可园的戏目广告，《通俗日报》，1909年。

图上 | 成都的警察。那爱德摄，1911 年。

图下 | 成都的码头，约 1905 年。

图上 | 去赶集的人。

图下 | 今日崇德里，由一筑一事拍摄。

成都一条河上的景象，桥前穿浅色衣服、头戴帽子的划桨者是欧洲人。

那什么是他们所定义的"凶戏"和"淫戏"呢？改良者傅崇矩认为，"淫戏"是指那些有男女演员拥抱，或女演员裸露部分身体的戏剧，还有一些不能登大雅之堂的动作和声音，如"生旦狎抱也，袒裼露体也，帐中淫声也，花旦独自思淫、作诸丑态也"，此外若"目成眉语"、"手足勾挑"、"荡人情思"等，都可以是"淫戏"的证据。

而所谓"凶戏"，是那些在舞台上"真军器比武也，开腔破肚也，分解尸体也，活点人烛也，装点伤痕、血流被体也"。他们认为这种戏鼓励"失教之子弟，习于斗狠"，传授持刀耍横的坏招。

这些定义反映出了极强的儒家伦理观、价值观及思想体系。精英们相信，"淫戏之关目禁，可使成都奸淫之风渐稀；凶戏之关目禁，可使成都人命案日少"。

在他们所谓"凶戏"和"淫戏"的定义下，许多传统的鬼怪、情爱、公案等主题的戏剧都可以成为被禁的对象。因此，在戏曲改良的大旗下，传统大众文化面临精英和正统文化的又一次打击。

随着城市改革浪潮的推进，新兴的地方戏和其他娱乐形式在成都相继出现，出现了一些从内容到语言都有明显变化的剧目，一些以历史和时事为基础创作的新戏也应运而生。

消失的古城

总的来说，这些新地方戏剧表达了一个明确的政治动向，那就是支持"新思潮"。改良者在悦来茶馆里建了悦来剧场，它成为成都最早的新式剧场之一（比下面提到的可园稍晚一点），并筹备了一个旨在改良地方戏剧的新戏班。

这种新式戏园为新兴知识分子提供了沟通合作的中心，并在地方政治的转型过程中发挥了重要作用。

尽管精英们全力支持这些新戏剧的发展，然而他们对待艺人的态度则依旧如故，对这些推行新戏的主体——"优伶"仍十分歧视，甚至他们最低的要求也常被无理回绝。

例如，会场入口分男女，但是管理者为男演员的进入问题伤了脑筋，他们居然请示，是否应该让男演员从女性入口进入。当然官方并不支持这个荒唐的提议，但官方的答复和解决办法却清楚地反映了当时社会对演员的看法："该优伶虽与普通男人有别，但仍属男人。未便如照准。令其由大西门绕道入会场。"

其他人也认为演员中的"优伶"品质低下："我们中国向来把优界中人看得最贱，所以文界人，不为出头提倡。你想既拿优界中人，当著娼优隶卒，并且把唱戏的人，拿在妓女一块儿比较，这样一来，那些个高明的人，还肯到大舞台来演戏吗？"

这个例子以及官方关于演员的规章限制都表明了，社会改良者对演员持有的强烈偏见，他们甚至不把演员当成享有和他人同等权利的正常人看待。改良者认为，正是那些演员，使得戏剧的改革变得愈加困难。因此，他们强调"提倡新戏，须先改良优界之人格"。

在这种趋势的影响下，茶馆和戏园也开始引入新风格和新时尚。1906 年，成都的第一家新式大众剧院可园（前身是咏霓茶社）在会府北街开张。

开张之初，可园允许妇女进入，但男女座分开。然而妇女进入戏园后，人们好奇围观，不时引起骚乱，随后女性即被禁止入内。

民国初期，一些新茶馆也试着引入了几种新的娱乐方式。例如，1912 年开办的陶然亭茶馆，其"本亭特色"就有所谓"文明游戏"，包括"地球"和"盘球"。据称这些运动"仿自泰西，盛于京沪"，而且"足资消遣，有裨卫生"。这里所谓"地球"就是保龄球，"盘球"就是桌球。

这个新茶馆还提供电话，从而"信息速于置邮"；并准备了报纸，"世界之情形，了如指掌"。一直扮演开拓者角色的悦来茶馆，第一个在 20 世纪 20 年代引入了话剧。新的娱乐设施常常能吸引更多的顾客，所以这些茶馆得到的利润也就更为丰厚。社会改良之风无疑有助于这些茶馆的趋新，但毫无疑问推动这些创新的根本动力是追逐

可园的戏目广告,《通俗日报》,1909 年

利润。

　　流行的休闲娱乐方式吸取了西方的新元素。这个内陆城市有机会接触到非中国式的娱乐方式。这种文化观念的转变反映出了物质生活方面出现的新因素,以及整个社会的演化。

　　这些对新文化生活的描述虽然不尽完备,但清楚地表明了这个年代所发生的种种变化。人们的消费方式无论是

内容上还是形式上，都发生了很大的转变——从地方戏剧的改革到新剧场、新茶馆、电影、热气球、飞行表演、乐队、舞厅及交响乐队等。所有这些新的娱乐方式，都成为改良者试图改变民众思想和行为方式的一种工具。

16

西方物质文化的传入
改变了日常生活

　　20 世纪是中国物质生活方式发生革命性改变的世纪，如果说过去几千年中国人的物质生活变化很小，人们几乎都生活在中国人自己创造的物质文化之中，那么从 20 世纪开始，中国人物质生活的巨大改变，几乎都是西方物质文化传入的结果。

　　当然，像上海这样的沿海口岸城市，受西化影响早一些，但是像成都这样的大多数中国的内地城市，根本的改变就是从 20 世纪初开始的。

　　虽然早在 19 世纪中叶，西方商品便开始登陆成都，但直到 20 世纪早期它们才广为大众接受。这种趋势可以在一位地方文人竹枝词中的抱怨中看到：

　　　　　不解何心尊异域，

　　　　　中华造作等弁髦。

　　　　　夸来百货洋真好，

　　　　　买得些微兴亦高。

　　国外产品主要来自法国、英国和日本。它们取道长江进入中国内地，品类包括服装、鞋类、钟表、玻璃器皿、金属制品、烟酒、水果、药品、副食、瓷器、纸张和文具等。日本人山川早水便注意到："这些商品物美价廉，精致美观，很符合中国人的品位。"

　　如成都最早的购物中心劝业场，有商店出售望远镜、金银钟表和西式小鼓。另一家商店为招揽顾客而用留声机（当时称为"留音戏"）播放"高雅"的音乐，据称来到他们的商店就像是在剧场里听音乐一样。

《留音戏》，傅崇矩：《成都通览》，1910年

　　成都还出现了照相馆，人们可以穿洋装扮洋相拍照，它给人们的日常生活增添了新奇的东西。

消失的古城

新开的商店开始出售中国和外国制造的玩具武器，而
提督街那些出售弓箭的传统商店则越来越不景气。1920
年后，外来商品已占领了相当大的成都市场，这使一些店
主感到不安，他们在评论每年一度的花会时说道：

> 骈罗商品无余地，
>
> 外货多于国货陈。
>
> 土物不来难比赛，
>
> 提倡催促更何人？

随着日渐增多的外国产品涌入成都，人们的生活方式
也有了很大的变化。据清末《通俗日报》报道，过去由
于本地产品价钱低廉，那些年收入只有几十块钱的老百姓
仍能养活自己。但随着清末对外贸易的发展，情况有所改
变，本地产品的价格直线攀升，从而导致了手工匠人和其
他普通劳动者的生活日渐困难。

20 世纪初，成都在物质文化方面的变化尤其表现在
交通工具上。三种新的交通方式——人力车、自行车和汽
车——相继在清末民初时期出现。

人力车是 1906 年从日本引进的，当时商务局责成傅
崇矩制造本地人力车，仅用于花会。不久即达到一百多
辆，人力车夫都统一着装。

几乎在同时，成都人开始骑上了外国制造的自行车。由于来自外国，直到 20 世纪 60 年代自行车在四川仍被叫作"洋马"。当时也有四川人仿造的自行车，但十分笨重，"以铜板为轮，约重一二百斤，须四人抬之，方能过门限，亦可笑矣"。

20 世纪 20 年代成都出现了汽车，当一辆美国制造的卡车第一次作为交通工具出现时，很多好奇的人都涌去观看，他们把卡车叫作"洋房子走路"或是"花轿打屁"。因为对那些从未见过汽车的人来说，排气管的声音听起来就像放屁。

当然还有人被这个新玩意儿给吓坏了，当时报纸都把汽车叫作"市虎"，因为汽车所引发的交通事故经常是致命的，好像老虎吃人一样。

汽车的出现还诱发了许多谣言，它被描绘成一个会杀人的怪物，它的"屁"还能散发出能置人于死地的毒气。据说大部分的谣言来自人力车老板和人力车夫，他们希望通过散布谣言来和这个新的竞争者对抗。十几个人力车夫还到码头去示威，抗议卡车的出现。

由于常常有汽车撞倒人力车夫的事故发生，人们害怕汽车会带来危险的顾虑绝不是无中生有。但这一新式交通工具的引进确实为道路建设带来了进步，因为它要求修建质量较好的、更宽的道路。

消失的古城

配合新交通工具的出现，当地政府也力图改善城市街道。1920 年年初，军阀杨森进行了一项大规模的道路修建工程。这一举措的确改善了一些地方的道路条件。比如，推车巷用石板铺了街面并盖住了下水道，据住在那里的外国教师徐维理说，它成了"一条真正的大道"，崭新而坚硬的泥灰路面覆盖了旧时车辙，铁轮鸡公车禁止驶入该道。

春熙路也是在这个时期建成的。它位于总府街和走马街之间，成为继东大街和商业场之后最为繁华的商业中心之一。成都街道的改造为四川其他地区树立了榜样，一位英国外交官觉得"这时的四川具有令人惊奇的现代化程度，许多大城镇都很现代"。成都在过去的几年中经历了"一场全面的改造，它的街道宽敞平坦，房屋商店鳞次栉比，卫生设施完善齐备"。

在这一时期，成都的其他基础建设也得到了改进，特别是引进了自来水、电力和电话。劝业场第一个安装了自来水装置。成都最早的"自来水"是由水车从河中取水，注入市里的水池，再由挑水夫送到居民家中，故有人将这讥讽为"人挑自来水"。

1909 年《通俗画报》上的这幅图画展示了这种早期的自来水装置和挑水工是如何送水的。图片上解释道："自来水用人去挑，名实不符多，尚待改良。"

讽刺画《人挑自来水》，《通俗画报》，1909 年

当西式自来水装置出现在成都时，许多挑水夫失去了他们的工作。尽管居民们对这些挑水夫深表同情，但他们没有理由拒绝使用如此方便的自来水。随着成都现代化的推进，许多下层民众遭遇了不幸的命运，他们因此失掉了自己的生计。

与此同时，成都开始使用电灯，这一举措重新构建了城市生活，尤其是人们的夜生活。开始时电灯仅用于劝业场的商店、茶馆和公共浴室。随着电灯的安装，市中心吸引了更多的人，他们中许多来到市中心仅仅是为了观看开灯的那一瞬间。

每天晚上茶馆都挤满了顾客，他们一边喝茶一边等待夜幕降临，开灯的时候，"电灯骤明，华光四射，欢声雷动"。因为"自劝业场电灯开后，游人如织"，这刺激了茶馆的兴办。到1909年，据地方报纸称，"成都茶园发达，几有一日千里之势"。那些新开张的茶馆里，"主人亦应接不暇，后来者均有座满之叹"。

同年，启明电灯公司开始为主要的商业区域提供电力，包括上新街、中新街、下新街、总府街和东大街。这使商店在夜晚得以继续营业，从而吸引顾客和逛街的人。

一开始，大多数人家里都不用电灯，因为用电灯比用煤油灯要贵得多。但是，启明电灯公司将电价下调了百分之三十到百分之五十，成功地吸引了大量用户。电灯不仅使商店得以在夜幕降临时能够继续营业，而且鼓励了人们到灯火通明的公共场所度过夜晚的闲暇时光。

这个时期在成都出现的另一个现代化的设施就是电话，虽然我们不清楚具体的发展过程，但是1909年的资料说明，当警察为了更快地对自然灾害和犯罪做出反应而架起电话杆时，谣言就传开了，说电话会给城市带来厄运。警察发布了通告，劝告人们不要相信谣言。

不断增长的物质财富同样刺激了时尚的发展。据《成都通览》记载，尽管成都与外界相对隔绝，但每年女性的时尚装扮都不相同。傅崇矩写道："衣服妆束，随时改变，一年一变，大约因戏台上优伶衣服式样，为妇女衣服改革之模范。"

成都妇女也受长江下游风气影响，所以"近来妇女多下江妆束，前留海也，画眉毛也，短袖口也"。随着风气的改变，成都"近年大脚风行"，为顺应这种变化，"鞋铺添出一种特别生意，专售放脚后所穿之靴鞋，蛮靴样小，颇觉可人"。

年轻人也开始戴眼镜"冒充学生，及学洋派"，可见"洋派"在内地也成了时尚。随着现代学校的发展，学生们的校服有了一些共同特点。一位传教士观察到："在街上遇到的学生尽管来自不同的学校，穿着不同的校服，但无一例外的都是高帽、长靴、西式长裤和制服。制服上通常戴有黄铜扣子、金色穗带、银色领口和左袖上绣着的代表不同学校的龙，亮灿灿的，很是耀眼。"

《通俗画报》刊登了不同风格的帽子和衣服的式样，仅帽子就有 24 种。图中的帽子和男女服装，使我们了解

广告中的时髦女郎，
《国民公报》，1921 年。

到一些 20 世纪早期成都"人们的新形象"。

　　新式交通工具、自来水和电力的引进不仅为人们提供了

《男子服式图》,《通俗画报》, 1912 年

便利，还改变了人们的生活方式。20 世纪初是一个传统意识形态和物质生活与西方观念和生活方式共存的年代，人们的日常生活虽然没有发生本质的改变，但他们已开始接受一些新的东西，并愿意将某些新的东西纳入他们的生活之中。

中国近代接受新事物的规律是，先接受物质，然后接受技术，继而接受体制，最后才是文化。人们对新事物的接受，逐渐渗透进了精神生活，人们不仅能接受新的时尚和娱乐方式，也逐渐接受了新的思想。因此，西方新物质生活方式是最容易传播的，但是对西方的思想文化的接受，就艰难和漫长得多。从洋务运动造洋枪洋炮，到改良维新改变政策，再到辛亥革命建立新制度，最后到五四时期提倡新文化，便是遵循了这样一个清晰的轨迹。

《戴帽之二十四派》漫画，《通俗画报》，1912 年

17

警察的出现

警察是一个西方的东西，也是近代的产物，中国传统城市里面是没有的。也就是说，在没有警察的时候，人人都可以自由使用街头，没有限制，人们摆摊设点，牛马车、轿子等自由穿行，农民早晨挑担进城买货，晚上出城，街头就是他们的市场，可以说是一个"自由世界"。但是，传统的城市也并不是混乱不堪，过去街道和社区都有自治的组织，包括土地会、善堂、行会、会馆等，担任卫生、防火、治安等职责。

但是警察一出现，首先就剥夺了这个自由使用权。警察在中国的设立是在义和团之后，清政府搞新政是从西方学来的。袁世凯是中国警察的开山鼻祖。1902 年，北洋大臣袁世凯在天津进行试验，定警务章程，"于保卫地方一切，甚属妥善"。清政府觉得这个主意不坏，就命令"各直省督抚仿照直隶章程奏明办理"。

所谓现在的市政府，出现得就更晚，是辛亥革命以后才有的。那么过去没有市政府，没有警察，城市又是怎么管理的呢？还是以成都为例：在川省未办警察之前，成都

消失的古城

设有保甲局，分东、西、南、北四门为四区，每门为一分局，各区内分段管理。下面设有街班，分段负责治安。

但是现代化城市管理向西方学习，就是要加强城市管理，警察在中国出现，就是这样一个标志性的事件。

署川督岑春煊刚到四川上任，便雷厉风行，当年便在川省设立警察。在他的奏折中，解释了为什么办警察是当务之急：他到川之后，鉴于"其户口之稠、伏莽之众，民教交涉之繁"，认为"举办警察尤为刻不可缓之务"，便积极开办警政。上面提到的"民教交涉之繁"，"民"是指一般市民，"教"是指西方教会（传教士和教民）。

要办警察，哪里去找人呢？警察这个东西，当时真是新事物呢，没有人懂是怎么一回事，正如岑春煊所说：各地官吏和官兵"于警察之学，概乎无闻"。如果依靠他们来办警"不过聚此等官吏兵卒而畀以实行警察之权，是名为托以治安，实则速其扰乱"。就是说不但不能协助治安，反而添乱。

因此首先必须训练警察。于是按京师、直隶设立警察学堂前案，创办四川通省警务学堂，"挑选文武员弁入堂肄习，期在造就速成警员"。选择的标准是："年轻体壮，粗通文理，朴实耐劳者"，总共 150 名，于 1902 年 12 月正式开学。毕业生先由警察总局发临时文凭，先在省局见习一月，然后分发各地实习半年，期满后报请总督衙门换

岑春煊

发正式文凭并分配工作。

1903 年春天，在成都正式设立四川警察总局，这成了全省办警察的样板。将成都分为东、南、西、北、中及外东六区，每区设一分署，委任署长一人；每区内分设派出所数处，全城共有派出所 30 余处，后增至 50 余处。每巡警十人设一警长，开办初有巡警 800 余名，后渐增至

消失的古城

1200 余名。过去的保甲及街班一律取消。

城市改良者一直设法重塑下层社会的价值观念和行为习惯，警察的建立，为推行他们的理想提供了有力的保证。因此，在晚清，社会改良者们热切地支持警察主持的社会改革。改革的很多措施是从日本直接借鉴而来的。

成都警察通过整顿街道和公共空间来扮演社会改良者的角色，他们希望通过改造城市公共空间和纠正下层民众的公共行为，来提高"文明"程度，使之与省城地位相吻合。

警察随后开始进行户籍管理：要求所有住户，无论是住在街边还是公馆里，都要登记他们的名字、年龄、出生地、职业，以及其他男女家庭成员和仆人的数量、名字和年龄。该表一式两份，一份在离其居住地点最近的警察分所存档，另一份则挂在每家门前。对那些警察怀疑有犯罪行为但没有直接证据而不能逮捕者，则在其门前挂"监视户"的牌子。1910 年，警察还承担了人口普查的工作。我们现在之所以知道比较准确的晚清成都的人口数字，就是因为这次人口普查。

成都警察局一成立，就开始进行街头管理。老百姓的外表和行为——包括他们的穿着和言行，都是其关注的对象。

在街头，警察可以调查或逮捕那些他们认为在"危

街头的警察、街民和店铺。那爱德摄，1911年初春。

害"公共安全的人，他们可以使用各种含糊不清的借口，诸如"言语粗鄙"、"行为不端"、"装束怪异"、"胡言乱语"、唱"乱七八糟"的小调，或是聚众喧闹、"扰乱秩序"，等等。

　　警察还首次对交通、卖淫、赌博、卫生以及特殊人群的行为进行规范，包括和尚、尼姑、收荒者、端公等严加控制。

　　控制公共空间意味着对街头活动的限制，也就给普通民众，尤其是那些在街头谋生的人的生活带来了极大的不便。

　　例如，成都首次进行交通整顿，当时轿子和马车是城市最主要的交通工具，但它们的数量越来越多，交通事故

和伤人的事件时有发生。为了改变这种局面，警方颁布了
《整齐舆马及行人往来规则》，要求所有的轿夫、马车夫
遵守交通信号，违者将受到处罚。

　　同时，警察要求轿子和马车在晚上必须点灯，马车还
要挂上铃铛。人力车是晚清时才在成都出现的交通工具，
也频繁地引发交通事故。由于这种车从日本传入，故当时
称"东洋车"。

成都的警察。那爱德摄，1911 年。

　　为了解决这个问题，警方要求所有的人力车必须靠马
路右边行驶，控制车速，不能乱停乱放。对违规者根据具
体的情节分别处以 50 文的罚款或是体罚。警察局还给人

力车夫颁发了一种印有红色号码的白色木牌作为执照，没有这种执照的人力车不能上街。如果出现事故，警察将根据情况没收车夫的执照。

鸡公车（即手推的独轮车）也在被限制之列。由于鸡公车容易压坏路面，那些居住在"整齐完善街道"上的居民对鸡公车很是反感。如果不想让鸡公车通过，他们可以要求警察局立一个禁止鸡公车出入的告牌。

川西平原上的鸡公车。甘博摄，1917～1919 年。

新的交通规则还禁止人们在马车经过时燃放爆竹，如果马匹受惊狂奔，街众要关上街前街后的栅门（中国传统城市里，街两头都有栅门，夜晚关门，以利治安），骑马者负责赔偿所有损失。此外，六岁以下的儿童禁止在街头玩耍。街上的居民不得把私人物品堆放在街道两旁，必须拆掉所有的附加在住宅外的棚子及其他阻碍交通的建筑物。

过去，中国城市到了晚上都是一片漆黑。路灯是晚清才被引入中国，装上街灯改善了城市的景观和夜生活，同时也扩展了公共空间。没有街灯的街道在晚上非常危险。正如一位西方犯罪学专家所言，"一盏灯就像一个警察"，他甚至还强调他"宁愿这里有更多的电灯和整洁的街道，而不是法律和公共准则"。

在成都，早期的街灯是油灯，由警察雇用的更夫负责，一个外国人描述道："油灯安装在间隔不远的一根根矮柱上，每天晚上都会点燃。"所有的住户都必须支付"灯油捐"。辛亥革命之后，街灯的管理转由地方"团防"负责。从警察局当时收到的居民的抱怨可以看到，这个时期的街头的油灯光亮非常微弱而且经常熄灭。尽管早期的街灯有许多这样或那样的问题，但是它们使夜晚的户外活动成为可能，并给城市带来了新的面貌。同时，这些街灯还有其他的用途，比如，轿夫们可以根据它来确定路程，从他们路过的街灯数来判断道路的远近，以收取相应的费用。

警察还对街头商业活动进行了限制。根据新的规章，小贩不得在十字路口摆摊设点，沿街的货摊不得超过建筑物的屋檐。那些如四个城门附近的临时蔬菜市场，一般在早上 10 点钟以前收摊，摊主们必须轮流清扫市场。

1912 年《通俗画报》上警察棒打违规者以示惩罚的漫画

　　为了不影响交通，警察还规定小贩和摊主不得在像北门大桥这样的交通繁忙地带摆摊设点。警察甚至会对价格进行严格管理，例如当粮食价格增长太快，警察就会在各个粮食经销点进行监督销售。

　　警察对一些街头贸易进行了严密监视，特别是对经常有

消失的古城

销赃行为的收荒市场进行限制。晚清的成都有七百多户人家以此谋生。根据新的制度，这些从事二手货经营的小贩必须有一个"铺保"，还要与其他两个住户构成一个"连环保"。

这些收废品的小贩在警察严格的控制下从事经营活动，一切行动必须按规定进行。这些规定包括：在早上开门和晚上关门时，收荒匠不得进店，交易也只能在户外进行。他们不能买进枪支、赃物、官方财产，不得从穿军服的人手中购买任何东西。他们必须记下出售者的姓名地址，必须保留货物至少五天才能再卖出。

收荒匠还有义务协助警方追拿小偷，当有可疑人员来销赃时，他们必须报案。收荒者若要搬家必须得到警局的许可，而非成都居民不得从事这种买卖。另外，收荒者无论是开铺子、摆摊子，还是挑担子，都必须在前面挂上牌照，而没有许可证的人则会受到惩罚。

警察还对街头劳务市场进行管理，特别是对所谓"人贩"进行控制。虽然"人贩"从字面上看似乎是指从事人口买卖的人，但实际上在清末民初的成都，它是指合法的雇佣经纪人，尽管他们当中也有少数人的确从事拐卖人口的违法勾当。

按照警局的命令，所有的雇佣经纪人都必须迁到西御河和皇城边街居住，在警察的监视下经营和生活，那些不服从这一命令的人则不被允许继续从事这一职业。

辛亥革命时期的成都皇城。那爱德摄，1911 年。

　　民国初年，西御河沿的后子门成为最大的劳务市场。由于不少妇女，特别是奶妈和女佣人也在这个劳务市场求职，拐骗妇女的事件时有发生，这使警察对这里的活动也分外警惕。警察局力图控制经营的各个环节，例如要求所有的经纪人注册登记，必须在门上挂木制标牌，以表明已获得营业执照。一旦有人被雇用，经纪人必须把受雇者的薪资和地址记录下来。那些从事婚姻介绍的经纪人有义务把当事人的背景打听清楚。经纪人不得为青楼妓院拉皮条。同时，如果被雇用者偷了雇主家的东西，其经纪人将对他的行为负责。

消失的古城

工笔画长卷《老成都》局部，孙彬等绘，1999 年

从上面我们可以看到，在 20 世纪的头 20 多年里，由于没有正式的市政机关（成都市政府直至 1928 年才成立），警察扮演着三重角色，即负责地方安全、进行城市管理、推行社会改革。警察实际上为以后的成都市政机构的建立奠定了基础。现代化是一把双刃剑，一方面城市需要有序的管理；另一方面，有序的管理会剥夺人们的一些自由。怎样进行有效的平衡，是当局需要不断思考和面对的问题。

18

改正乱撒尿的习惯经过了
长期的努力

从 20 世纪初以来，许多社会改良者认为，一个城市街道的面貌直接反映了这个城市的文明状况，这或许可以解释为什么许多社会改革都力图通过推进卫生状况来提升城市形象。

到了近代，中国城市的卫生状况非常差。八国联军进京后，对北京遍地屎尿，垃圾堆积，臭气熏天的状况，有许多记载。他们发现，北京就是一个巨大的露天厕所。那时候，中国人对城市卫生基本上没有什么概念。结果德军发布了一个禁令："一各街巷俱不准出大小恭，违者重办。"

19 世纪后期，一位到成都的法国人曾抱怨道，他曾"误入不通之巷，时须跨过垃圾之堆。街石既不合缝，又极滑达，经行其上，跌撞不止一次"。

正如傅崇矩在《成都通览》中提到的一样，有的街道"秽物之堆积，恶气触人"，若是阴雨天则道路泥泞，

八国联军在北京

外加"屎酸粪汁及一切脏水"弥漫；晴天则"尘埃四塞，霉菌飞扬"。

传教士也观察到，由于成都街头环境糟糕，女士们很难在街上行走。在街道的每个拐角处都会有"难闻的垃圾"，人们把垃圾倒在街上，而"肮脏的猪、家禽和老鼠就以这些垃圾为食"。

自1903年成都警察出现后，卫生问题才真正开始被解决。警察对街头卫生进行整顿，令清除垃圾和动物的死尸，病猪肉不准运入城，街边尿缸一律填平，各街厕所改良尽善。除此之外，社会改良者还提出了其他保持城市卫生的建议，比如要求赶牛车的车夫和街道清洁工随时清除牛粪，把难闻的皮革作坊迁到郊外等。

他们还建议，为了保护人们的健康，禁止挑水夫从御河取被污染的河水。当时的成都人都有饲养家畜的习惯，像猪、羊、鸡、鸭等大都在街上放养。为了改善卫生状况，警察局严禁一切家畜出现在街道上。

成都郊区龙泉驿的一家店铺门前。麦登斯摄，1941 年。

从晚清开始，警察局开始雇用街道清洁工。根据传教士 J. 韦尔的记载，他们穿着前后写着"清道夫"三个字的制服，工具是一辆手推车、一个柳条编的篮子和一把扫帚。所有的家庭必须在 7 点钟清道夫收垃圾和清扫街道之前把家里的垃圾拿出去，清道夫把收集的垃圾运到指定的地方堆放。

当时清道夫的社会地位并没有人们想象的那么低，因为是被警察雇用的，所以他们认为自己是"官方雇员"。1914 年《国民公报》的一篇以"清道夫之恶焰"为题的报道，指责了一个"欺压人民"的清道夫。文章说，一个清道夫推着垃圾车在街上横冲直撞，撞倒了一个妇女和她的小孩。他不但不道歉，还破口大骂。他的行为激怒了居民和行人。该报道也愤愤然说："清道夫何人？不过巡警部分之走卒耳。"

当然，这个报道是想要抑恶扬善，但字里行间仍流露出对清道夫的歧视。如果真是一个"官家人"在公共场所耀武扬威，不知这位作者是否也会同样义愤？

然而在 20 世纪 20 年代以前，清洁工仍然不是很普遍，居民们仍是各扫门前雪。按照传教士的说法，经常是"人们在自己家门前拿着一把小扫帚把垃圾任意扫成一堆，直到有人想彻底地清洁街道时，这一堆堆的垃圾才会被弄走"。

当局要求城市居民为公共卫生各尽其责。1928 年颁布的卫生规则规定："不准由楼上或墙上抛弃什物或倾倒茶水于街面或人行道上"，"打扫临街楼房，应先洒水，然后扫除，不得使灰尘飞扬"，"污秽之衣物，不准晒晾

甘博 1917 年拍摄的成都战后的废墟

檐下及人行道上"，等等。这些规定都说明了警察对卫生的管理已经深入每家每户。

八国联军用枪杆子，逼迫北京人建立公共厕所，这样才开始了中国公共厕所的历史。几年以后，随着晚清城市改良运动的发展，公共厕所开始在成都推广。

1903 年，四川警察总局令按照政府规定修建公共厕所。在 1906 年，警察发布了修建设公厕的标准。根据新的规章，这些过去街边的"尿坑"被填平，如果有谁在街上小便就会被处以 50 文的罚款，对于那些付不起罚款的人则责令其劳作一天。

但当时在街上小便的事情还是经常发生，有时还会引

关于当街晾晒衣物和厕所的讽刺漫画，民国时期

发违规者同警察之间的冲突。一则新闻报道了这样一个故事，一个"粗人"晚上在街上撒尿的时候被警察逮个正

着，他不仅不服管教，还攻击警察。当警察准备把这个藐视法律的人带到警局时，他猛击警察一拳，然后逃之夭夭。第二天他以违反卫生法和袭击警察的罪名被逮捕。

**报纸上讽刺乱撒尿恶习
的漫画，民国时期**

但直到民国初年，居民对有关卫生法规仍然置若罔闻，公共厕所的问题也没有得到解决。1914 年 4 月，警

消失的古城

察局命令警察和公共厕所改进卫生状况。警察局采取了一系列措施禁止街头小便行为，违者坐一天牢或支付至少一银元的罚款。但这似乎没有起到明显的作用，当局认为这是执法不严之故。因此，7月进一步颁布有关"训令"：

> 各街茅厕内，皆狼藉臭秽，最碍卫生。迭经勒限改良，添役清扫，以冀遵守。……查现在厕所仍多玩忽不治，与昔无异。臭秽之气，几于更有过之。此虽厕主等积久玩生，而该管员警等，督饬之疏，已可概见。合再令饬各区署所，查照先今训令，严加整率，恒久忽懈。倘仍漫不加意，一经查出，定将该管署所员警等，并予处罚不贷。

尽管有了新的规定和公共厕所，甚至可能会因此坐牢一天，仍有人继续在街头小便。《国民公报》报道了这样一个故事。一个公馆坐落在一条僻静的街道，行人经常在其门口小便。它的主人便在墙上贴了这样一则告示："往来人等不得在此小便。"但是有一天他正好撞见一个人在那里撒尿，便有了下面两人的对话：

> "我有告白在此，汝无目耶？"
> "我看清楚，才窝的（"窝"为成都方言，准确

地说应该是"屙"，即"撒"的意思）。你那告白明明说是'往来人，等不得，在此小便'？我至此实在等不得了，故尔小便。是你许的，然何又干涉我？"

如果在不同的地方断句，这个行人便是对的，但是很显然他是在故意曲解意思，并对这个告白进行公然的挑衅。不过，这倒也显示了成都人时常有的那种幽默感。

警察局还强行要求对那些停放在寺庙里的死尸进行埋葬。成都是一个移民的城市，很多人是在明末张献忠之乱后来到成都，有的则是在清初城市重建时来到这里，另外每年不知有多少外来人到此做生意或谋生活。像其他中国人一样，他们都有"落叶归根"的习俗。这些移民死后，他们的遗体必须被送回家乡安葬。

在这一切安排好之前，灵柩会暂时停放在城外的寺庙内。出于种种原因，有些死者的家属未能按计划把这些棺材运回家乡安葬，有些在寺庙里一停就是几年，甚至是几十年，有的则完全被遗弃了。

1909 年，警察公所报告仅东门和北门外的寺庙里就有 327 口棺材，其中有些自同治年间所置，已经在那里停放了三十多年。据描述，在这些庙宇里，"木椁摧残，尸骸暴露，折肱断肢，四散横陈，惨状戚容，几难馨述"。

政府部门因此发布了一个告示，要求死者家属在三个

消失的古城

路边的神龛。甘博摄，1917～1919 年。

月内埋葬所有的棺材，无法找到家属者，其同乡应帮忙安
葬，否则警察将自行处理。尽管当局希望改变这个"陋
习"，但显然这种行之已久的风俗并非一朝一夕所能终
结，这种习惯在 20 世纪 30～40 年代仍然存在。

　　警察也对食品卫生进行管理。比如不准出售不新鲜的
肉类，如果有人违反规定，一旦发现，食品就会被没收。
警察禁止出售蛙肉，因为卖青蛙的农民将蛙皮剥下后，蛙
肉很快就会变质。一些牛肉商店打折出售变质的牛肉给街
头小贩，穷人因这种肉便宜而购买，进而成为肠道疾病的
受害者。警察于是发布公告禁止销售这种不卫生的牛肉。

　　另外在夏季，猪肉到下午会变味，一些屠夫以抽奖的

方式进行促销，即给获胜者提供 1 斤打折的"变味猪肉"。警察一旦发现病猪、马、牛肉，就会当众把肉扔进河里，并对肉贩进行处罚。

所有这些关于城市环境的改良，都反映了警察当局为改变城市面貌做出的努力。警察所制定的各种规章，尽管在执行过程中面临不少的困难，仍然取得了不小的成就。例如像强制的交通控制和市场管理，以前从未在城市中出现过；而有些管理和控制虽然曾经存在过，但其由民间组织负责。不论是前者还是后者，当警察接管之后，都大大地提高了运作效率，而城市面貌改观的事实又为进一步的改革运动提供了有力的支持。

推进公共卫生可谓是步履维艰，这倒从一个角度反映了整个城市改革的难度。我们应当认识到，并不是只要改革对民众有利，就会受到民众的配合和支持。因为事情往往是，他们在得益之前，首先受了限制，他们传统的生活方式被迫发生改变，即使不公开反对，他们也会消极反抗。另外，从上面的训令我们也可以看到，执行者的不作为或不认真履行职责，也是卫生改革进展迟缓的原因之一。

19

在成都，打麻将曾经是犯罪

  现在的成都，打麻将赌输赢无处不在，它成为市民们最主要的娱乐活动之一。不过，不要以为这是中国国粹，玩麻将是自古亦然，是人们的自由选择。殊不知，这个大众娱乐活动，在 20 世纪初的成都，一度被政府定性为犯罪活动。

  将打麻将视为社会问题发轫于晚清的城市改革，其时新式知识分子和地方精英将打麻将视为恶习，认为它既浪费时间，又是赌博行为，因此当在查禁之列。

  1902 年成都一成立警察局，便采取措施禁鸦片和赌博，两者都被当作犯罪之后，相关活动就成了警方打击的重要对象。

  晚清禁烟运动获得了一些成功，到 1911 年，鸦片的使用差不多就完全终止了。而禁赌则艰难得多。与吸食鸦片不同，以打麻将为主要形式的赌博行为往往发生在公共场所，它难以和其他娱乐形式严格区分开来。在晚清针对此问题的政令非常严格，警察挨家挨户及在街头巷尾展开搜查，尽可能搜集经营者、参与者和赌博组织的信息，并对违规者施行逮捕，加以罚款或体罚。

打罷〔時事畫〕

某街於十三夜人聲
鼎沸乃某宅打牌
有雀角之爭因座
中人誤打一罷以致
莊家吃虧某君少年
得意氣火甚大遂起
衝突後經品人解勸
其事始寢

晚清成都《通俗画报》上的时事画，讽刺某人家
半夜打麻将引起了纠纷，1912 年

　　清末的成都有各种各样的赌博，如斗鸟、玩牌、打麻
将等，这些活动经常在街头、巷尾、桥下、茶楼、烟馆、
妓院等地方进行。改良者认为赌博危害甚大，由此造成的
家庭纠纷和悲剧比比皆是，也因此扰乱了社会秩序。

晚清成都《通俗画报》上的时事画，讽刺赌徒
输了衣衫，裹着被子无法下床的窘境，1909 年

　　警察经常揭露一些赌棍经常设置圈套，骗取没有经验
的参赌者的钱财的事例。在 20 世纪初，改良者就呼吁警
察将这些"著名害人之赌棍"送进监狱，警察局也颁布
了规章制度来禁止此类行为，打麻将这一传统娱乐活动也
被禁止。

　　社会改良者写了很多关于麻将使人堕落的文章来支持
这项政策。例如，《通俗日报》刊登了以韵律诗形式写成

的《麻雀十害歌》（晚清成都称麻将为"麻雀"），每行
四个字，便于理解和传诵：

> 麻雀之害，
>
> 多不胜述。
>
> 劳神伤财，
>
> 妨误正业。
>
> 习成贪很，
>
> 最坏心术。
>
> 一朝争闹，
>
> 亲友断绝。
>
> 长幼不分，
>
> 男女混杂。
>
> 深夜不休，
>
> 失火失窃。
>
> 流毒传染，
>
> 风驰电掣。
>
> 举国若狂，
>
> 老成饮泣。

然后罗列十个方面的危害，按职业分别描述了麻将怎
样毁掉人们的健康、道德和家庭，参与赌博的官僚、士

消失的古城

绅、学生、教师、商人、士兵和年轻妇女最终会有什么样
的严重后果。如官员打麻将赌博：

> 长官雀戏，
>
> 授下以隙。
>
> 僚属荒唐，
>
> 不能戒饬。
>
> 县官好赌，
>
> 懒检讼牒。
>
> 四乡莠民，
>
> 赌馆林立。

如果商人打麻将，后果则是：

> 商界好赌，
>
> 店规不立。
>
> 伙友偷盗，
>
> 难于觉察。
>
> 千金一掷，
>
> 资本消灭。
>
> 商务败坏，
>
> 店铺倒歇。

如果是妇女打麻将，则是：

儿女学赌，

不务正业。

家政不修，

害在眉睫。

淫盗生心，

门户不密。

在这个《麻雀十害歌》中，改良人士宣称消除赌博行为是建立"文明社会"的先决条件，甚至认为"赌博不除，宪法不立"，这即把赌博与国家的政治前途联系起来。

他们努力推行流行于欧美国家的"健康"活动，提倡人民"打球练习，赛船赛马"，鼓励人们去"运动之场"、"练身之房"、"园林遨游"、"弹琴咏歌"、"围棋象棋"、"阅书报社"，认为这样才能"社会改良，务达目的"。

《通俗日报》还发表了一篇题为"宣讲禁止赌博白话"的文章，该文用日常口语描述了赌博的罪恶：

提起这赌场中人来说，那（哪）一个是不聪明的，那（哪）一个是不狡猾的？他想到世间的，读

消失的古城

西方人镜头下的街头赌博，美国华盛顿大学图书馆藏

诗书的人，做生意的人，做庄稼的人，做工艺的人，个个都想挣些银钱。个个却不能顷刻间，挣得许多银钱。惟有那赌场中，我的运气来了，雪白的好银子，横一堆，顺一堆，宝盒子一揭开，众人都落眉落眼，一齐输了，我就赢了。赢得好快当，赢得好快活，趁那时买些房屋，买些好衣服，一霎时就完阔起来了。岂不是赌场中，能够凑合人的好处吗？

因为如此，赌场中的朋友，个个讲究，要熟读宝经，懂得路子，怎么一定是归身宝，怎么一定是出门宝，怎么一定是要倒拐。要打处，怎么一定是连笨三，连笨四。据那大赌家说起来，真真有个道理。能

够照那宝经上来压宝，就输了也值得。这个路道，惟
有那著名的赌棍，抽头吃利，很熟很熟。连结多少党
羽，买通多少衙门。每逢有那会场戏场，他们就要引
诱些金娃娃，活荡些生毛子，安顿些造孽人。

在那赌钱的人，以为这是个发财窝窝，万万不肯
丢他的。殊不知赌场中，那有个天天赌，天天都赢的
道理？不输就赢，不赢就输，赢过了，就会要输。越
输了，越望赢。一旦输干了，没法了，就便要糊
（胡）思乱想，打些烂条，或纳些契约去抵押。再又
输了，就不免或卖田地，或卖房屋，或卖家具，均是
做得到的。

你们想一想道理，世间这些事你们说是有吗莫
有？须知到世间的人，银子钱，那个又不想？你也
想，我也想，不从那正业上想来，终久是不长远的。
赢也赢得快，却输也输得快。由此看来，到底去赌得
赌不得？人家说赌不得，我偏说赌也赌得，但看他是
怎样赌法。读诗书的人，要在那学堂里，赌些好学
问，赌些好本事。将来到那官场中，赌做一个好官，
那赌场，是名成利就的，可以赌得。做生意的人，要
在那商埠上，赌些好货物，赌些好买本，将来到赛会
上，赌做个大商业家，那赌场是地大物博的，可以赌
得。做庄稼的人，要在那田土里，赌些好粪料，赌些

好籽种，将来到那试验场中赌做个大农业家，那赌场是价值物对的，可以赌得。除了这几们赌，我就要奉劝，切切的去赌不得。一家人有一个人赌，便惹出一家人，都吃那赌饭。吃惯这赌饭，正经事大家不肯做了，是赌之为害。不但害了自己，并且害了子孙。如何是好？我奉劝世间人，不但这压宝场中，万万不可去。……

正是在这种思维的指导下，警察大肆搜捕赌徒，收集赌窝和赌棍的有关信息，一旦发现，立即抓捕，或罚款，或体罚。

以前卖糖果、糕点、花生的小贩可以采用打赌或抽签的方式诱使小孩买他们的东西，这种被社会认可的流行方式现在也被禁止。在这样严厉的措施之下，赌博现象虽然没有完全消除，但得到了一些控制。

1910年春，警察机关试图斩断赌博的根源，规定三天之内停止一切麻将器具的生产和销售，销毁所有储存的麻将用品，任何人如果再制造麻将产品，都要受到严厉惩罚。

从禁止赌博到禁止麻将，反映出改良者对赌博的深恶痛绝，同时，也是对成都最流行的休闲活动的否定。警察机关的这一系列行动并没有杜绝赌博，反而引起了成都居

大慈寺茶馆里打麻将的人。作者摄，2003 年。

民的强烈不满。

　　在经历了警察反复对住宅、茶馆和街角打麻将的清查惩戒之后，以麻将为主要形式的赌博依旧活跃，这类活动仍然随处可见。

　　赌徒也有许多对付地方当局的经验。望江楼和文殊院成为赌博聚点，因为这些安静的、环境优美的地方不在警察的监督范围之内。

　　而城墙上、城门外、河边、桥下也成为赌博的主要地点，那些地方也经常因赌博发生争端。例如，一次在东门城墙上，一个年轻人在赌博时与他人发生争执被打死。北门外的道路一度是名副其实的赌窝，赌摊沿道路两侧铺开。

消失的古城

公园里打麻将，男女老少都参加。作者摄，2003 年。

西御河的沿河街道也是赌博的去处，一次警察突然降临，一群赌徒急速逃离，一位穿昂贵皮衣的男子翻过墙壁，忘了另一边是御河，直接掉进了肮脏的河水里。

有些人在城内街道上摆摊设点赌博，某年仅在春节的第一天，警察就在包家巷抓到五六十个赌徒，第二天又在罗公祠抓到四五十个。

虽然茶馆的经营者不敢公开支持不合法的活动，但是他们也从未积极加以制止。一名报纸的记者谈道，他在一些茶馆随处可见人们赌得热火朝天，桌子上、椅子上，甚至地上，到处都在进行。

　　无论警察怎样搜查，赌徒们总能与之周旋，躲过难关。例如打麻将的人将桌面上铺上绒布，以避免警察听到声音，闯进民居搜查。难怪改良者傅崇矩感叹道："赌窟中人，皆有绝大本领，绝大神通。"

　　没有一种改革能够迅速改变已经存在多年的生活方式。因此，尽管警察从晚清起便不遗余力地禁赌，但直至民国初期，赌博在公开场合和私下里仍然十分盛行。

　　晚清以来，地方当局尽了最大努力控制赌博，但是成果并不明显。原因很简单：赌博有着根深蒂固的文化基础，它既是个人和家庭的休闲活动，也成为一项陌生人之间的公众娱乐。而且，很难将赌博与玩扑克、打麻将等流行的娱乐活动清楚地区别开来。虽然地方当局投入了很多精力控制赌博，但他们似乎并未赢得这场与赌徒的较量。

　　这个禁赌的努力是由曾经留学日本的晚清改良者，后来任四川巡警道的周善培所发动的，他的此举遭到不少成都人的愤恨，更何况许多措施是强制性的，这使得人们的日常娱乐活动受到限制。这也是警察总办周善培在清王朝倒台前后，备受各方批评和痛恨的原因。由于他是秃头，人们骂他为"周秃子"。

　　经历了 20 世纪早期成都生活的郭沫若这样解释道："在漫无组织的社会中，突然生出了这样的监视机关，而在创立的当时又采取了极端的严刑峻法主义，这在一般的穷人不消说是视为眼中钉，而就是大中小的有产者都因为未曾习惯，也感觉不便。"

警察的这一举措不但表达了改良者禁赌的决心，更是他们对中国最为流行的娱乐活动的彻底否定，但亦没有任何改良能够将业已流行数百年的大众娱乐立即叫停。

麻将在民国时期依旧在各种公共及私人空间大为盛行，原因便是其易于操作、上手轻松，不论作为家庭消闲活动或大众娱乐形式都颇为合适，更不用说其所基于的极其深厚和稳固的文化土壤了。

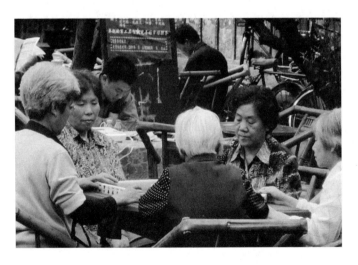

在公园里打麻将是退休老人的日常活动。作者摄，2003 年。

新文化运动的领袖之一胡适便将麻将视为"国戏"，并通过写作《麻将：漫游的感想之六》一文加入了"反麻运动"。他在文中强调，过去中国的三个恶魔：鸦片、八股和裹小脚都已不存在了。然而麻将则是第四个恶魔，它发展得异常兴盛，却没有人批评它对于国家民族的损害。

胡适进而计算了人们浪费在麻将上的时间："麻将平均每四圈费时约两点钟，少说一点，全国每日只有一百万桌麻将，每桌只打八圈，就得费四百万点钟，就是损失十六点七万日的光阴。金钱的输赢，精力的消磨，都还在外。"

胡适对人们打麻将真是非常愤愤然，他认为一个沉迷于麻将的民族，是没有长进的民族。甚至从国人对打麻将的迷恋，感觉到了民族的危机：

> 我们走遍世界，可曾看见那一个长进的民族，文明的国家，肯这样荒时废业的吗？一个留学日本的朋友对我说："日本人的勤苦真不可及！到了晚上，登高一望，家家板屋里都是灯光；灯光之下，不是少年人跳着读书，便是老年人跪着翻书，或是老妇人跪着做活计。到了天明，满街上，满电车上都是上学去的儿童。单只这一点勤苦就可以征服我们了。"

在 20 世纪 30 年代，国民政府发起了"新生活运动"，国民党意识到了麻将在普罗大众中的受欢迎程度，因此并未对麻将加以取缔，转而推行"卫生麻将"，指每次游戏不打超过四圈牌。这里的"卫生"应该理解为"健康"，即不牵涉赌博，而且不是长时间地玩。

其实，也有不少人为麻将辩护，认为它是有益于大脑的活动，也是社交的利器，更为那些玩不起高档娱乐的民众，提供了许多欢乐。

不过，为麻将辩护的声音，很快便淹没在了此起彼伏的批评浪潮中。到 1949 年后，麻将甚至被划归为"旧社会"的残余，在"文化大革命"的"破四旧"运动中，被彻底摧毁。

四川都江堰 2380 人同时打麻将的壮观场景

然而人们怎么也不会想到，在跨过这么多年之后的21 世纪，麻将不但没有衰落，反而发展到了新的高度。

胡适先生当年担心的，麻将可能是"亡国的大害"的情况非但没有出现，在全国一片麻将声声中，中国国力反而越来越强大，社会文化发展得越来越好。

作为中国传统娱乐的麻将，在现代化、全球化、科技高度发展的时代，还能繁荣多久？这是谁也无法回答的问题。

20

穷人靠什么活下去？

怎样解决贫困问题始终是城市改革的主要议题之一。长期以来，地方精英总是将慈善活动当作自己的重要职责。地方慈善机构也有着很长的历史，为现代福利事业的发展奠定了相当的基础。

从 1903 年到 1906 年，随着城市改良的进行，成都地方政府为穷人设立了很多机构，虽然这些机构的作用有限，但也的确帮助不少人过上了"自食其力的生活"。

晚清成都设立的"苦力病院"有 300 个床位，主要为生病的苦力提供医疗服务。除此之外，成都还成立了"老弱废疾院"，可接收一百多名病人。

警察通知各轿行、力行、鸡毛店等，如发现任何无家可归的人或生病的苦力，都应该将其送进医院，他们可以在医院得到帮助以缓解他们的病痛，如果是鸦片吸食者，则帮助他们戒毒。

晚清时期建立的大多数慈善事业在辛亥革命后仍然保留了下来。

晚清成都城市改革的另一个主要目标是清理街上的无业游民和乞丐。据传教士 J. 韦尔的描述，一项新的规定授权警察可以逮捕任何一个在街头流浪的人，该传教士将这称为"革命式"的行动。

那些无家可归者被送进了工场，被遗弃的小孩也被送进了孤儿院。有些人看上去像乞丐，但实际上他们能够打工自食其力，则允许他们自谋生路。

警察局把旧日的寺庙和粥厂改建成教养工场，安置乞丐，让他们在那里自食其力。1905 年成立的一个工场，专门收容穷人和乞丐，不仅教他们劳动技能，还必须对他们实施教育。建于同年的"迁善所"承诺给犯过较轻罪行的人再就业的机会。

晚清成都乞丐教养所。
艾略特摄，1906～1907 年。

消失的古城

1906 年，警察局又在东门和南门建立了两个乞丐工场，半年时间先后收入一千五百多名乞丐到场做工。

几乎在同一时期建立的"幼孩教养工场"可以容纳一千名无家可归的孩子。6 岁以下的儿童由保姆照顾，6~14岁的孩子则教以识字习算及浅易能谋生之手艺，满14 岁后便令出厂自谋生路。一年的时间内，教养工场便收容了五百余名流浪、行乞的儿童。

被收容的小乞丐。艾略特摄，1906~1907 年。

我们对工场的内部详情知之甚少，但传教士 J. 韦尔在《华西教会新闻》（*West China Missionary News*）的报道中，提供了一些关于这些工场的工作条件、内部管理、收容者的生活状况的详情。

这些乞丐一进工场就会得到一个编号，头发被剃成"两边留有两指宽"的发型作为标志，以防他们逃跑和便于日后识别（另一种说法是，他们的头发被剃成"鞋底形"）。不过从传教士 H. 艾略特 1906～1907 年在成都乞丐工场所拍的照片看（见上图及下图），上述对发型的描述不是很准确。

他们所穿的衣服由军服改制，夏季衣服袖口及肘，裤腿只到膝盖。这种特别的样式既是为了便于他们做工，也可以防止这些服装被偷卖。被收容的乞丐被要求从事室内和室外的劳动，室内劳动一般是做草鞋和织布。

被收容的乞丐幼童在工场织布。艾略特摄，1906～1907 年。

室外劳动则分"公"、"私"两种。公共工程包括木工活和石工活，要训练他们学习如何修房屋、围墙、挖水沟和铺道路等，他们还会被派往那些官方修建工程项目。

为私人服务包括为家庭、店铺提供的各种体力劳动。

消失的古城

遇有婚丧嫁娶等大事，一些家庭需要帮手时，他们会到工场来雇帮手。

雇用乞丐帮忙已成为成都的一种传统，在过去的成都，每个家庭都可以直接在街上雇乞丐来为这些活动打粗工。但在新的规则下，当市民有不时之需，只能同工场联系。

室内劳动者一天两顿稀饭加咸菜，在外面工作的人可以得到一份额外的干饭。监工每天早晚点名，以防止其逃跑。他们每十天剃一次胡子，洗一次澡。

实际上，收容乞丐为警察提供了稳定而廉价的劳动力。私人雇用乞丐只需付给相当于一般雇工的百分之七十的工钱。当他们为公共事业出工时则付得更少，只有正常工资的百分之四十。

这些乞丐中的成年人一天工作 14 个小时，每十人安排一个工头来监视。工场有工作表，记录每天在外面工作的人所挣的工钱，以及在厂内工作的人所生产的产品数量。

一个乞丐进入工场三个月后，工场会计算他挣钱的总数和他所生产产品的总价值，扣除吃穿所用，剩余的钱就交还给他们，让他们出去自谋生路，他们可以用这笔钱作为做小生意的资本。

从工场出去不想找，或没有找到工作的人，有可能会再被抓回去。警察局留有他们的照片，以便日后确认身份。

消除街头穷人已经成为警察进行城市改革的一项重要

被收容的乞丐儿童在工场打草鞋。艾略特摄，1906～1907 年。

目标，因为他们确信这样至少可以带来三个好处。

第一，可以稳定社会治安秩序。精英们始终认为，穷人是造成偷盗和抢劫等犯罪行为的社会不安因素，若能解决好穷人的问题，就能够为推进社会治安环境的改善创造条件。

第二，可以改善城市形象。精英们认为，那些衣衫褴褛的乞丐在城市中流浪，不符合省城的"示范"地位。要塑造一个"文明"的城市形象，就必须让乞丐从公共场所消失。

第三，有利于改善穷人本身的处境。城市管理者声称，让这些穷人在工场里劳动，最大的受益者就是他们自己，因为这样可以给他们提供住宿，还能让他们学到一些劳动技能，以便将来自己谋生。

当然，良好的愿望并不一定就会有良好的结果，受益者并不一定就会接受这种好意，更不用说所谓的"受益"
经常只是一厢情愿。我们发现，大多数乞丐并不欢迎这种
变化，迫使他们短期内改变已习惯的传统生活方式，自然
会引起他们的抵制。

不过有一点是明确的，过去乞丐虽然什么也没有，但
他们还有利用城市空间的自由；但在推行城市改良之后，
他们失去了这种自由。传教士在提到那些被收容的乞丐
时，用的词都是 inmates，即监狱里的囚犯，因为这些人
都是被强制收容的。

对于城市管理者来说，他们实现了自己的部分目标，
成都的确在 20 世纪初建立了新的公共秩序。正如传教士韦
尔所赞赏的："目前的警察组织和运作比旧的十户联保制已
经有了很大的进步，并使相关的人都感到了满意。"他相信
成都人"肯定会认可这个制度，他们很快就会感觉到这个
制度的优越，并意识到警察处理哪怕是小事也很有效率。
而在旧制度下，一般至少需要一周或十天时间，但现在每
个案件在立案当天就开始处理了"。他也注意到街道变得更
安静和整洁，"由于警察夜巡，偷窃事件也因之减少"。

很难说韦尔的看法是否能真实地反映民众的想法。即使城
市管理者不可否认地取得了一些成就，韦尔作为西方传教士，
自然欣赏大多数这类西式改革，总是看到它们的积极方面。

然而在西方传教士赞赏城市警察控制的同时，他们也

表现出了自己的文化偏见。他们认为："在这个不珍惜生命、虐待盛行的国度，必须推行一定的法规。"因此，他们欢迎这个"中国生活中的新因素"。

其他来成都的外国人也有类似的印象。在日本人山川早水看来，与他已经旅行过的其他城市相比较，改革无疑改善了成都的市容，成都的街道，至少是主要街道都整齐干净。来过成都的外国人都有类似的观感，"城市干净整齐，警察有效率"。

虽然如此，任何变化都会带来诸多反应。当城市管理者努力限定什么是下层阶级可接受的行为时，他们的意图并不会轻易为人们所认可。而且他们的措施侵扰了那些没有地位和缺乏资源的人们的生存。

当政者的成就，经常并没有给下层民众带来更好的生活或欢乐，尤其对依靠街头为生的人而言就更加困难。所以他们想方设法保护自己对街头的使用权，也就不足为奇了。①

---

① 关于本节照片的说明：本章这四幅照片是 1906～1907 年一个美国传教士 H. 艾略特（Harrison S. Elliott）在四川高等学堂教书时拍摄的，这类照片非常珍贵。尽管笔者做了很大的努力，在档案馆和图书馆里找到的关于成都的照片仍然非常少。多年前笔者在华盛顿美国亚洲研究协会年会上宣读了关于成都的街头文化的论文，结束以后，一个名叫 J. 约翰逊（Jean Elliott Johnson）的老太太过来告诉笔者，她父亲 1906 年、1907 年在成都待过，拍摄了许多成都的照片，问是否感兴趣。后来她给笔者寄了很大一本相集来，笔者从其中挑了若干和成都街头有关的，包括这四幅照片。

21

人们是怎样失去自由自在的城市生活的？

在传统的中国城市，人们的日常生活是自由自在的，像沿街卖菜，推车卖小吃，摆地摊，扯个圈子卖艺，几乎是没有人管的，所以给许多穷人提供了生计，也给市民生活提供了方便，并带来了丰富多彩的都市文化。但是，缺乏管理的城市也存在许多问题，例如卫生状况很差等（已经有章节专门谈了这个问题）。城市生活的规范化，必然要以人们失去一些自由为代价。

20世纪初中国向西方学习，城市中出现了警察，它是作为城市的改良力量出现的，从公共聚会、大众宗教活动到人们的日常生活，代表国家权力的警察的控制已进入了社会的方方面面。

在成都，警察开始规范所有的公众聚集活动。成都人特别爱看热闹，"成都人心浮动，往往于己无关之事，群集而观遇"。到成都的外国人也发现，只要街上发生了一点不寻常的事，就会吸引"大批好奇的人群"。这样的

成都东大街。钱柏林
（Thomas Chrowder Chamberlin）摄，1909 年。

情况经常会造成许多纠纷。

　　新的规章制度出台以后，要求当公共场所围观者众多时，在场警察应"极力遣退观者"。任何要在公共场所摆摊设点的人，都必须事先获得批准。警察要负责维持重要活动的社会秩序。

　　辛亥革命后，警察控制的范围不断地扩大，社会约束力也不断地增强，他们甚至会严密盘查过往行人。地方当局还一度限制花会一类传统活动的举行，因为那里各色人等混杂，良莠不分。要不就规定花会只允许卖农具、农作

消失的古城

巴蜀风俗画，杨再琪绘

物和花草，禁止其他商品的买卖，也不允许在花会摆摊设点卖茶、酒、食品等。

另外，警察还尽力驱散在街头或公共场所聚集的小孩，以免他们捣乱。小孩子经常搞恶作剧来取乐，他们到处扔砖块、折树枝，伤害到过往行人。一些男孩从城墙上

老成都的街头。钱柏林摄,1909 年。

扔砖头或石块,砸坏了别人家屋顶的瓦片。

如发现此类事,警察将把他们抓起来,其父母则要在街首的监督下负责修好被损坏的屋顶。警察要求父母要特别留意自己的小孩,因为在街上玩耍经常会出现受伤的情况。

1918 年,一个记者在《国民公报》上写道,他看到五六十个孩子在废墟里玩打仗游戏,他们彼此互投石头和砖块,一时是"乱石纷飞",还大叫"杀!""杀!"这显然是不久前军阀的军队在成都街头混战给他们带来的影响。

警察还仔细监视下层人经常出入的地方,如"鸡毛

工笔画长卷《老成都》局部。孙彬等绘，1999 年。

店"这样的场所便受到严密巡查。成都作为长江上游的
商业、文化中心，每天都要吸引很多的外来客，这促成了
客栈业的繁荣。

　　成都的住宿条件分为三个等级：鸡毛店、客栈和官
店。鸡毛店大多在东门附近，主要是乞丐、流浪汉等穷人
经常出入的地方，这里被视为罪犯云集之处。客栈通常是
商人们光顾的场所，而官店则是为官员而备，但商人也可
以在那里投宿。

　　晚清的成都有三百多家旅馆，可见每天到成都的人的

清末的成都街头。钱柏林摄，1909 年。

确不少。按照警察所颁规定，凡在鸡毛店住宿的人都必须
登记其籍贯、年龄、职业及来蓉原因。店主要将可疑之人
报告给分区警察所。

　　警察要求旅馆不能给妓女、赌徒和"傍晚而来无行
李者"提供住宿服务。警察早晚都要巡视这些旅店。夜
巡之后，旅店必须关门，不允许任何人进出，直到第二天
早上警察清点了住宿人数之后才能开门。

　　不过，很难说这项规定是否得到了有效的实施，在成
都到处散布着这样的下等旅店，警察不可能连开关门都到

成都背街的一家染坊。钱柏林摄，1909 年。

场，很难把每个鸡毛店以及每一个投宿人都纳入其严密监视之下。但这类规章的颁布，至少反映了警察对这些场所治安状况的担忧，并试图加以整顿。

警察还得在公共场所控制精神病人，后者的出现不但会引起众人围观，有暴力倾向的狂人还可能袭击他人，扰乱治安，特别是在花会这样拥挤的场合。据一位记者报道，1909 年花会举行期间的头两周，他就见到过六七次警察将精神有问题的人带出会场。

一位官员由于染上鸦片瘾被解聘，发了疯。有一天，他手持棍子冲上街，宣称不准用洋灯，随后他跑到一家茶

四川一家客栈。甘博摄，1917～1919 年。

馆，砸坏了两盏洋灯。然后又到华阳县署，睡在门前，拒绝离开。三个警察赶来才把他带走。

另一个报道是在花会上，警察发现一个人的言谈举止很奇怪，"指天画地，扰害公安，游人为之惊诧"。就迅速将其送到警察局，"问其姓名，答言姓朱，名洪武。闻其言，始知其有神经病也，乃拘留不放"。

那个时候成都居民养狗也很普遍，警察认为狗对公共秩序也是一种威胁，也对其进行监管。特别是不少人抱怨有人带宠物去拥挤的劝业场，他们认为这简直就是对享有盛誉的成都商业界的蔑视。他们抱怨狗不仅堵塞交通，还在门前打架。他们建议对惹事的狗的主人处以罚款。狗在公共场所肇事的例子不少，如一位顾客正在饭馆吃午餐，店主养的黑狗将其腿咬出了血。

《通俗画报》刊载了一幅题为"出钱看狗背"的漫画，谴责那些带狗进戏院的人。题图写着："好狗不当（挡）路，好人不扒台。此之谓狗屏风，此之谓狗占（站）班，此之谓狗头国，此之谓狗宝。"此画表现了作者对有些人把狗带进戏院的不满。"站班"过去是指那些在戏院买站票或在茶馆门口不买票看戏、听评书的人。

警察公所要求所有的狗都必须登记，在脖子上戴上由警察发给的木牌以做标记。如果登记的狗丢了，警察可以帮忙找回，否则它的主人就不能认领。如果狗咬伤了过路的行人，它的主人必须交付一元的罚款。

警察竭力规范的不仅是人们的公众行为，还包括作为日常生活重要组成部分的宗教信仰及相关活动。在过去，地方政府总是试图限制大众宗教，一旦人们对某种信仰显示出特别热衷的迹象，他们就马上介入，开始进行管控。

从晚清开始，在某种程度上官方正统思想与精英的需要不谋而合，这样，社会改良者就与国家政权联合起

《出钱看狗背》，《通俗画报》，1912 年

来，努力改变普通民众的宗教信仰。官方正统思想认为，民众的宗教信仰是"迷信"、"落后"的，因此必须被改造和限制，以此防止人们受所谓异端思想的"危害"。

警察进一步对所有宗教和其相关仪式进行限制。例如，在农历四月二十八日——药王的寿辰那天，警察禁止人们进入药王庙为药王庆贺，也不允许人们在药王庙附近的街道烧香磕头。

1914 年夏天的旱灾期间，地方政府在大街小巷贴满告示，禁止举行所有祈雨仪式。1917 年，虽然警察没有禁止祈雨仪式，但是禁止在典礼中扮演鬼神。

消失的古城

四川一间小庙的泥塑。甘博摄，1917～1919 年。

清末民初，警察还禁止卜卦、算命，比如"观仙"、"走阴"、"画蛋"等活动，但是一般民众仍然相信占卦算命。人们拒绝放弃"迷信"，使改良者非常失望，因此他们便寻求更严格的规章。

而从事算命行业的人也力图确立其存在的合法性，如 20 世纪 20 年代后期，占星者和算命先生打算组织一个"学会"来保护他们的生计，但地方当局拒绝了他们的请求，声称算命和占卜没有学术价值，并且指出他们是在愚弄民众，玷污风俗和文化，损害社会。因此在改良时代，必须"废除迷信"。

成都街头的算命摊。作者摄，2003 年。

1927 年，城市当局禁止所有巫医、算命先生、僧侣和道人从事该类活动，第二年，各种供奉神灵的仪式也为中央政府的法令所禁止。

大众宗教在人们的日常生活中可以说是根深蒂固，当局的法规和禁令也难以完全改变人们的信仰。很多证据表明，警察控制民间宗教的效果并不明显。例如虽然警察禁止药王的寿辰典礼，当地居民——尤其是妇女——仍然去药王庙烧香，当局不让进庙，许多信徒便在街上建立祭坛。

这个时候，政府采取了许多激进的措施，甚至包括禁止人们庆祝端午节，不许举办龙舟赛，禁止租船办划船类庆祝活动，人们仍然会聚集在望江楼——传统的端午节聚会地——进行有关活动。

锦江上的龙舟竞渡。工笔画长卷《老成都》局部，孙彬等绘，1999 年。

农历四月八日的"放生会"，人们通过装饰花船和"放归"生物来庆祝。人们按照佛教的风俗把鸟、鱼、龟、蛇等动物放生，意在积德。每年放生会期间，成千上万的人聚集在河两岸观看动物放生。

然而这项活动被精英们指责为"陋习"，而且他们还担心"男女混杂，良莠不齐，往往滋生事端，传为笑柄"。因此他们认为必须抛弃这些老传统，"值此改良时代，陋习岂可相沿，愿我同胞，各宜自爱"。

虽然放生风俗屡遭禁止，但是民众仍然将其保留了下来。最后，警察屈从了民众的诉求，于 1918 年同意了将下莲池作为"放生池"，成都市民终于有了合法进行这项活动的地方。

社会变革可以改变人的精神生活，正如美国人类学家克利福德·格尔兹（Clifford Geertz）在其《文化的阐释》中所言，它削弱了社会结构间的传统关系，并且打断了"宗教信仰最原始的同一性和早期的实用特征"。

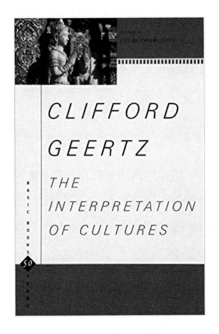

格尔兹著《文化的阐释》

20世纪早期发生在中国的一切，可以为这一论点提供新的证据。在成都，警察的介入加速了这一过程。尽管如此，这仍然不是轻而易举的事。民众的生活方式、宗教信仰和民俗文化显示了强大的持续性。怎样对待传统的宗教及其各种仪式和活动，是精英们争论的问题之一。虽然当时存在一种强烈的批判所有宗教的倾向，但仍然有一些精英改良者努力把宗教和迷信区分开来。而且，政府政策也很不一致，时而严厉，时而宽松。

1919 年，四川省当局批准中华佛教总会四川分部的请求，发布通告承诺保护寺庙和尼姑庵的财产。这个通告通过各级地方政府向下发布，产生了较大影响。通告谴责了"各属绅首每籍公益为名"，砍伐寺庙树木，"勒派捐金"的行为。

从晚清以来，由于各项改革措施并举，地方财政困难，加之受当时的反传统的西化潮流影响，寺庙财产已成为地方改良计划筹集资金的一个重要财源，由此造成了地方宗教机构巨大的财产损失。而在当时，大多数改良精英及其支持者都认为这是一个正常的途径，是社会"进步"和"文明"的表现。

因此，张榜公告保护这些财产，似乎反映出激进主义者反宗教政策在某种程度上的一种倒退。但这种保护政策的实施仍然缺乏持续性。因此，总的来讲，大众宗教虽然在民国年间顽强地生存，但也遭到极大的削弱。

22

清末民初的性骚扰与流氓罪

传统中国城市没有专门的管理机构，主要依靠传统社会组织和保甲维持治安。20 世纪初警察出现以后，便将维护公共秩序视为其主要职责，即"管制坏人，杜绝坏事"。任何"行为暴戾"、扰乱公共治安的人都将受到警告，甚至被拘捕。

根据晚清传教士的观察："穿戴整齐的警察不时地在城内巡岗，每个警察都配有一根警棍，个个看起来都训练有素。毫无疑问，法律和治安事业取得了新的进步。"

警察的出现对恶势力来说确实是一大威胁。在成都，有不少关于"歹人"的词语，如"痞棍"、"地痞"、"棍徒"、"舵神"、"恶少"、"轻薄少年"、"无赖"、"混蛋"、"无业流痞"、"撞客"，等等。来自富有家庭者则被叫作"纨绔子弟"。"舵（音 duǒ）神"一词为成都方言，使用频率很高，在清末民初的地方报纸中，这个词几乎和流氓同时使用。

他们三五成群地闲荡，在公共场合聚众赌博，惹是生非，扰乱秩序，影响市民正常生活，成为警察首要控制的

晚清成都街头。钱柏林摄，1909 年。

对象。但由于他们活动分散，警察不得不投入很大的精力来对付他们。

这些人喜欢穿"奇装异服"，那些"绿面红里者"，警察称之为"匪服"；"缘饰不伦者"，警察称之为"邪服"。在街上发现有穿此类服装者，都会强令其脱下。

妇女是流氓们的主要骚扰目标，特别是那些出身普通人家、坐在门口做针线活或干其他家务活的妇女深受其害。据当地报纸《国民公报》1914 年的一篇报道，住在少城三道街的一个劳工的妻子，被几个"无人格之浑蛋"

纠缠。在她丈夫出去工作时，他们便上门来窥视，并伺机调戏她，如果她反抗就暴力相向。其中一个流氓叫吴焕章，当他的名字见报后，当地一位同名同姓的著名律师非常生气，要求报纸澄清自己的名誉。

一些轻浮的年轻人也经常聚集在各种公共场合，如花会、庙会、戏园等出入口，对女人评头论足，并趁她们进出时动手动脚。根据一项新的法令，警察将对那些貌似无赖、举止粗俗轻浮、引诱"良家少女"的人，对那些在剧院、茶馆或酒店纠集成群的人，进行跟踪调查。

1917 年，警察禁止在花会和附近的路上赌博、随地小便、对妇女评头论足、算命、耍流氓、打骂和卖淫。任何违反规定的人都将受到处罚。在当地的《国民公报》中，经常可以读到关于警察怎样对付流氓的报道。有这样一则案例，有两个年轻女子游览劝业场，有些"轻浮子弟"对她们言语轻佻，还诽谤她们是妓女，警察把他们抓进了警局。另一个案例讲的是一个男子调戏一个店主的妻子，这个男子也被拘留并受到了惩罚。

为了避免出现性骚扰，警察在花会分别为男人和女人设立了不同的出入口，但是他们仍能逮到一些"扮作女人"想走女性通道的男子。

有些流氓结成了团伙，警察对他们的打击也是不遗余

晚清时期成都街头的农民和劳工。钱柏林摄，1909 年。

力。这些人集体行动，欺凌弱小，对普通人家、店铺、小本经营者进行敲诈勒索。有一伙由"无耻流痞"组成的集团，"三五成群，凶狠万状"，闯进妓院"任意需索"，警方宣告将严惩。

当地一家报纸报道：有一名"无业流痞"自称"姚大爷"，每天带着"同类数人"，到天涯石街的妓院"哄取酒食"。公众谴责姚和他的同伙"可谓无耻极矣！"呼吁警察"欲正风俗"，就应立即把他们抓起来。还批评那些妓女屈从于他们的淫威，"乐其甘为奴隶"。不过当时公众意识不到的是，这些青楼女人无依无靠，靠卖身和卖笑为生，怎敢得罪这些地痞？

民国初年，一些纨绔子弟组成了一个名叫"舞神会"的帮伙，他们经常在剧院和饭馆里聚集，"种种丑行"逐渐引起了公众的注意。由于他们经常在街头制造麻烦，警方贴出了告示禁止他们的活动，令其父母严加管教。根据新的规章，这些有钱人家的放荡子弟不许在街上闲逛。如果他们违反了法令，其父母也将承担责任。

《国民公报》还报道了这样一个有趣的故事：一个流氓抓住一个乘轿人的脚，以为乘客是女人，企图调戏，但谁知轿内人竟是华阳县知县，这岂不是老虎头上抓虱子？这个流氓当然受到了严厉的处罚。

警察对那些行为不检点的"无赖"进行严厉惩处，经常是采用公开羞辱的方式。比如，有流氓朝那些坐着轿子路过的女人扔水果和石头骚扰，他们被抓住后将戴枷惩罚一天，被公众谴责，结果是"千人共观，大伤颜面"。

后来警方还在二仙庵的大门外面竖起一个石柱，在上面刻着"锁示舞神处"几个大字，那些在花会骚扰妇女的"舞神"便被链子锁在柱上受罚。流氓们还经常被游街示众，每当警察惩罚这些流氓时，总是围观者甚众，这也因此最大限度地起到了公共警示的作用。

不过，一些所谓的"调戏妇女"的事件，实际上是由于保守的社会风气而被夸大。例如，一个年轻女佣傍晚

消失的古城

去店铺购物，有一个轿夫"跟随使女"，无非是与她"笑谈"，结果她叫来警察，把这个轿夫带到警局惩处。在另一个案例中，一个衣着整齐，带着相机的男子看见几个漂亮的女孩在荷花池边喝茶，他假装拍景物，镜头却对准了那几个女孩。于是他被警察当流氓抓了起来，处以鞭刑。

据 1919 年《国民公报》的报道，一个被当作"流氓"的年轻人被警察用警棍打了"两千"下，又被捆到了二仙庵门前"锁示剿神处"的柱子上，有近千人围观。他受到如此严厉的惩罚不过是因为一个小脚女人在跨沟坎时，他说："你的脚包得太小了，等我牵你。"即使这个男人的所谓帮助是居心不良，这样的行为在今天看来也仅仅是言语和举止轻佻，但是在民国初年，这却是一种严重的犯罪。

这样的处罚似乎太过严厉，用警棍打两千下可能会致命。但是报纸误报似乎又不大可能，因为在第二天的《国民公报》中，另一则报道题为"摸一下打你两千"，称一个"流氓"仅仅因为对一妇女"出手摸之"，就挨了"大板二千"，并且还"罚锁流氓桩一月，以警丑类"。

一次，有老少穷富十余人被罚跪在花会门口，因为他们试图从女性入口进入会场。记者注意到，在他们当中，甚至有一个"戴金丝眼镜者，周身丝绸，手提皮包"的男子，看来是一个有身份的人。

警察还禁止妓女、年轻妇女和儿童参加公共活动，以免造成混乱。在举行盛大的宗教仪式时，警察站在拥挤人群的两旁，以维持秩序，防止局面出现混乱，保护妇女儿童，同时杜绝有人趁机"扯厂集众"、"口角打架"、"割包剪绺"等。

警察还禁止小孩在晚上去茶铺、酒楼这样的地方，并发布公告，要求父母必须严格管教自己的小孩，远离那些"街市恶习"。如果小孩子在街上聚集捣乱的话，他们的父母也会因此而受到惩罚。

对在公共场所打架和大吵大闹的人，警察也加以控制。1909年的《通俗日报》报道，一个喝醉酒的人闯进第一茶楼，大喊大叫，警察来了才被制服。评论说，要不是因为他"穿得光华，几乎要送警署解酒了"。看来警察也会以穿着来决定处罚，这里的潜台词是，如果是一个下层的劳工，恐怕警察就不会这么轻易放过他了。

《通俗画报》还刊登过一幅漫画，描述了一名醉汉在劝业场的宜春茶楼里大呼小叫地要茶和点心，在和警察吵架的过程中，他从楼梯上摔了下来，引起观者哄堂大笑。

在早期中国城市改良中，警察是以社会现代化和改革者的形象出现的，所以警察的功能是多种多样的，不仅要维持公共场所的治安，还要提供各种社会服务，特别是消防。火灾一直是这个人口稠密城市的一大危害，那个年代的报纸经常有关于火灾造成破坏的消息。

醉汉坠楼的漫画,《通俗画报》, 1909 年

据 1903 年英文《华西教会新闻》的报道,"市中心的一条商业街发生了一场重大的火灾。街道两旁一百多码的房屋建筑都被烧毁",这场火灾是由于"点着煤油灯睡觉"而引起的。仅一周之后,"在离上次灾难发生地不远

的地方又发生了另一场火灾"。

成都直到 20 世纪初才建立起一套新的消防体系。而在此之前的漫长时期，成都主要依靠于街头的"太平石缸"，当火灾发生时从中取水。为了防止商业区拥挤的店铺发生火灾，警察局制定了防火章程，其中包括煤油储存和电灯使用的规定。警察还在城内外东南西北各处修建了四个钟楼，若遇火灾发生，立即撞钟，各路可闻声相救。

警察还成立了第一支专业的消防队，有成员一千多人。他们负责给街上一千一百多个太平石缸注水并定期换水，又将城内各水井调查清楚，有水井之处用木牌写一"井"字，使人人知井之所在，便于火灾时取水。

成都的外国人注意到了防火体制的缺陷和设备落后的问题。1905 年发生在东门的一场大火，使对新防火设备的需求提上了议事日程，之后，成都引进了较为有效的工具。正如一位西方人注意到的，"庞大的消防工具"——"水龙"在灭火时喷水十分有力，比过去的灭火手段改进了许多。

消防队经常公开举行消防演习，既进行了训练，又向公众传播了消防知识。消防演习逐渐成为受欢迎的公开表演。如 1909 年消防队点燃了几间用于演习的茅屋，消防队员用水龙灭火时，围观群众众多。最大的一次消防演习是清末在北较场举行的，有 1400 名警察和消防队员参加，观者万余人。

警察也管许多小事。1914 年的《国民公报》的新闻

消失的古城

抗战时期成都郊区龙泉驿的消防队。
麦登斯摄，1941 年。

称：一个抱小孩的妇女丢了钱，被一个"下力人"拾到，
警察看见后监督他将钱还给了那位妇女。据另一则报道，
一个骑马的年轻人撞翻一名老穷妇，当行人拦下那年轻人
之后，老妇人站起来说她没有受伤。警察确认后，还是令
年轻人雇一顶轿子送她回了家。那穷妇说："我不坐轿，

· 278 ·

给我 200 文钱就是。"警察责备说:"拿 200 文做甚,坐轿归去可也。"后说服老妇人坐上了轿子回家。

在成都的外国人也赞誉警察是居民的"好帮手",尤其是在遭遇自然灾害和突发事件时。例如,当洪水淹来,警察"再一次显示了他们训练有素的优点。他们立即赶赴现场援救,有秩序地将食物分发给受灾群众,安排处于危险地带的群众转移"。此外,他们也帮忙解决街头发生的争端,而在过去,这些事都是由邻里、同乡、宗教等社会组织来处理的。

成都一直到 1928 年才第一次出现市政府,在此前的四分之一世纪的时间内,警察在城市管理中扮演了主要角色。在外国传教士的观察和地方报纸的新闻报道中,警察的影响基本上是积极和正面的,这个机构是向西方和日本学习的结果,为城市改良的需要而发展。所以要研究一个城市的现代化,警察是必须考察的对象。

23

贫穷使人没有尊严

俗话说"人穷志短",为生计日夜劳作而不得温饱的穷人,尊严对他们来说就是奢侈品。

虽然在之前关于过去成都城市生活的章节中,我经常强调家庭生活的和谐,紧密的邻里关系,但是我们也应该看到他们生活的另外一面:底层人在城市中享有的资源很少,因此为了生存,他们也互相争夺资源,对彼此造成了伤害。本章的故事,主要来自晚清的《通俗日报》和民初《国民公报》的社会新闻。

在过去的成都,街坊邻居们经常挤在狭小的空间里,不但隐私得不到保障,而且容易发生摩擦。像各家小孩之间发生口角,堆在屋外的杂物妨碍过路,或对别人说三道四,都可能引起争吵,甚至暴力斗殴。

有人"为一文钱大起争斗",其中一人用罐子砸了另一个人的头,"至头破血流",而打人者也"锁送警署"。两兄弟为父亲留下的遗产"大闹分家,甚至闹上街来",这种"逆子之行为"引发了地方文人"为世道人心虑矣!"

南门桂花街上有一家饭馆，伙计脾气暴躁。有一次，一位顾客吃了 6 文钱东西，他记错了却要那顾客付 12 文钱，那顾客争辩了几句，伙计认为他想"吃烂钱"，便把一只碗砸过去，导致其"顶门流血不止"。"吃烂钱"为成都俗语，意为没有付饭钱就从饭馆溜走，或者设法吃"白食"。

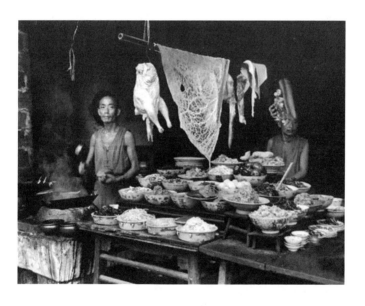

一家街边饭铺。麦登斯摄，1941 年。

由于生活空间有限，普通家庭的日常事务经常延伸到了街头，私人问题从而转换成了公众事务。那些发生在街头的家庭纠纷，是观察家庭、邻里及社区之间的关系非常好的素材。例如，一位被丈夫打骂的妻子跑到街上求助，邻居或路人就会参与调停，在众人的围观下，她就会讲述她的不幸，以求得邻居和路人的同情和支持。

虽然人们经常把"清官难断家务事"挂在嘴边，但事实上邻里会不时介入家庭争端，我们可以找到无数的诸如此类的例子，如一记者写道：

> 昨经少城黄瓦街，见某号门内一妇飞奔而出，形色张皇，向街邻急言曰：请各位将我丈夫拦住。言未毕，即有某甲相继出，不胜其怒。……某甲挺身直前，一手将妇发扭住，即用足连踢妇腹数下，妇色几变，发亦乱垂。旁观者恐生他故，故群将某甲挡入门内。妇乘势向众婉言曰：我不投告警察局，往告君姑，冀劝夫勿再如斯。言至此，几哽咽不成声。

这是一个典型的邻里介入家庭纠纷的例子。那妇人跑向街邻，因为她知道在那里她可以得到一定的同情和保护，在这种情况下，那些"旁观者"经常起着平息事态的作用。就是说，邻居虽然可能是引起纠纷的原因，但也可能是解决纠纷的动力。我们可以看到那些受到虐待的妇女并不倾向于告官，而是希望有邻里的介入。即使是被丈夫殴打，仍然担心暴力的丈夫吃官司，家里没有了主心

成都郊区龙泉驿的基督教人家。麦登斯摄，1941 年。

骨，所以宁愿忍气吞声。

根据另一个记载，一对夫妇虐待老母，"竟敢拳殴"，使"母倒地人事不醒，街邻公愤，将夫妇绑送警署"。在这里，我们看到"街邻公愤"仍然在维持家庭和邻里和谐中起着重要作用。

在另一个故事中，一个住在东辕门"凶悍"的刘姓妇女，经常辱骂她的婆婆，还与丈夫打架。邻居们同情她婆婆，群起打抱不平，强迫刘姓妇女打扫街头卫生以示惩罚，她因而被众人围观嘲笑。

还有一些资料表现出"坏人"和他们邻里之间的关系。胡某被认为是个"撞客"（这个问题成都人用来形容那些"招摇撞骗"的人）为了维护家庭声誉，他父亲公开谴责他的为人，胡某就成为街头闲谈的对象。胡娶了一个妓女，她每天站在门口勾引年轻人，结果"冶游子弟，络绎不绝，衣冠满屋，车马填门"，胡因此发了小财。这种行为激怒了邻里，有人在胡的门上贴了副对联：

门迎春夏秋冬，客来东西南北。

他们不愿直接与恶邻发生纠纷，则采取这样比较隐晦的方式发泄他们的不满。

邻居在阻止犯罪方面也发挥了作用。一天傍晚，玉龙街的街首看见一个年轻女子在街上徘徊，结果发现她有残疾，出于对她的关心，安排她在守夜人屋里暂住。但半夜时分那守夜人却试图强奸她，邻居听见了她的大声喊叫而进屋相救。愤怒的人们把守夜人捆绑起来，先打手心两百，然后交给了警察处罚。人们责骂这个守夜人"老贱而淫"，予以解雇，并"立予驱逐"。

这些故事为我们提供了很好的例证，使我们知道了家庭事件如何转变成公众话题，邻里怎样自愿协作以保证和睦。事实上，他们把解决邻里间的争端不自觉地当作了一项职责。

一些争吵甚至发展成为集体暴力事件。一天清晨，十几个人打了起来，吵醒了附近邻里。两个当事人被抓，大多数参与者逃之夭夭。这场骚乱的原因不过是东大街的糖帮和布政衙的帽帮之间的一个小小的争执。

有些大的争端，邻里间调解不了，则必须警察介入。在警察建立之前，这类的冲突都是由保长、街首或邻里来调停。如果事件与移民有关，就会寻求行会或会馆的首领来解决。

城乡矛盾一直都存在，城里人歧视乡下人也随处可见。例如，沿街住的居民要求推鸡公车的乡下人支付一两文钱作为"过街费"，理由是鸡公车会损坏街面。否则就不许通过，或者车夫必须扛着鸡公车过街。有些街道为了防止鸡公车通过，居民还故意在街上设置障碍，例如摆放石头、破砖，有的甚至故意撬开街上的石板。

城门是往返城乡的必经要道，进城挑粪的农民也经常来来往往。一次一个农民的粪桶不小心弄脏了一位衣着入时的年轻人的衣服，年轻人气急败坏地将那农民痛打一顿，过路的人好不容易才阻止了他，并叫农民向他道歉。

据另一个报道，一支送葬队伍沿街行进，因为觉得对

鸡公车夫在路边休息。麦登斯摄，1941 年。

方挡了路，一位送葬者对一个推鸡公车运大米的车夫大打出手。这一行为激怒了行人，群起而帮那个推车的人反击。可以看到，人们对欺压弱者的行为是深恶痛绝的。

很多证据表明，在这类事件发生时，即使警察不能及时赶到，大多数的冲突也不会产生严重的后果，因为行人经常会自愿介入调停，通过"公众力量"来解决问题。

进城的乡下人经常是歹人作案的对象。例如一个乡下农民带着 90 两银子到成都东大街的一家商店还债，几个陌生人上前搭讪，并说他们是同乡，请他一起喝茶。在吸了他们给的香烟后，他开始感到眩晕，最终失去了知觉。

成都郊区卖黄鳝的农民。麦登斯摄，1941 年。

当他醒过来后，发现他的银子和那些陌生人都无影无踪。

这类事件有时会有更悲惨的结果，例如从湖南来成都寻哥哥的一个乡下人，所有的钱和衣服都被偷走，又找不到其兄的任何信息，于是绝望地上吊自杀。

小偷小摸和赌博引起了警察极大的关注。小偷有着各种各样的背景，当然大多数是穷人，他们没有稳定的工作，到处游荡。小偷大多数是受雇劳动者，如船公、搬运工、小贩、守夜人、仆人，或流动职业者，如流动剃头匠、木匠、裁缝、江湖郎中、卖唱艺人、和尚等。这些人生活在社会的边缘，过着仅能糊口的生活。

那些无职业、无技术的流浪者，把街头当作获取财物的主要来源。警察的出现对他们是一种威胁，正如一位地

消失的古城

方文人在竹枝词中所描述的：

> 警察巡丁日站岗，
>
> 清晨独立到斜阳。
>
> 夜深休往槐安去，
>
> 致使鸡鸣狗盗藏。

但是，实际上警察也并不是那么成功，警察对小偷也是防不胜防。小偷一般都是积习难改，寻求一切机会下手。那些公众集会是他们的最好时机，例如一年一度的花会，那里人山人海，小偷们如鱼得水。扒手特别喜欢在花会活动，当地人称其为"红钱贼"，另一些人则不仅偷钱，还偷各种商品。

为寻求自我保护，小偷经常结成团伙。一次警察抓住一个大约有 20 个小偷的团伙，强迫他们劳动以示惩罚。在另一个案件里，警察发现一个小孩扛着一个大布袋，里面装着价值一百多两银子的衣物，他们以此为线索，找到了一伙盗贼。

1914 年夏，由于干旱，成都米价猛涨，从乡村市场运到成都的大米经常在路上被偷。据报道，那是一些"游手好闲的年轻人"而为。

传教士 G. E. 哈特韦尔（G. E. Hartwell）写道，这些

小偷一般有一位当"王"（King）的头儿，他"极有可能受雇于"地方官员。一般认为，"王"是一个"半是乞丐"、"半是官员仆役"的人。如果在三天以内对被抢的物品进行追踪，那么这批货物可能会被找到。一般三天之后，劫物就被分赃，"衙门的差役得到他们的那一部分"。

这种说法表明小偷极力与官员建立某种联系以获得保护，官员缺乏必要的人力和财力为社会稳定提供适当的保证，只有依靠一些现有的力量来维持社会稳定，这已不是什么秘密。只要他们不惹出大的麻烦，地方当局往往是睁一只眼、闭一只眼。这种控制策略已经在中国城市里存在了相当长的时间。

边缘人群总是有他们的生存之道，为了存活下去，他们必须尽可能地利用各种资源，无论是官方的，还是民间的；无论是合法的，还是非法的；无论是道德的，还是不道德的。有的甚至走上犯罪的道路。读到他们的故事，人们不可避免地会为他们的所作所为惋惜，也为他们不得不铤而走险，抱一丝的同情和理解。

对那些处在生存边缘的人来说，对他们的种种无尊严的求生行为，没有处于他们那个地位的人，真无法站在道德的制高点对他们进行指责。这就是为什么英国马克思主义历史学家霍布斯鲍姆在他的名著《盗匪》中，对他们多抱以理解和同情态度的原因吧。

24

过去城市中人与人之间的
歧视非常普遍

在传统中国城市里，社会排斥和歧视的现象一直都存在，一个族群或行业集团会对另一个族群或行业集团持敌视的态度，城市居民欺侮乡下人的情况也很普遍。这里的"族群"并非指不同种族的人群，而是指由于地理、经济、文化、社会地位等因素造成的社会隔阂中不同人的群体。

排斥和歧视激起了被排斥者、受欺侮者和受歧视者的愤怒，促使他们为自己的权利而进行斗争。上海人歧视苏北人就非常典型，在成都也存在类似的歧视现象。与上海一样，方言、历史和籍贯都能在人们之间划出界线。与上海不同的是，在成都没有特定的地域偏见，但是居民们对满族人怀有敌意，对乡下人持明显的歧视态度。

成都汉人和旗人被满城（又叫少城或内城）的城墙分隔在不同的区域，但是他们之间的冲突发生得仍然十分频繁。晚清时期，成都有四千多户满人，总人口一万九千多，大都住在满城。

　　地方文人在竹枝词中有不少描绘成都满人打猎、看戏、钓鱼的生活方式：

　　　　旗人游猎尽盘桓，

　　　　会馆戏多看不难。

　　　　逢着忌辰真个空，

　　　　出城添得钓鱼竿。

　　在城西的兵营附近，市镇居民能看见满族人在牧马。有竹枝词写到成都满人的其他嗜好：

　　　　西较场兵旗下家，

　　　　一心崇俭黜浮华。

　　　　马肠零截小猪肉，

　　　　难等关钱贱卖花。

　　这是说旗人喜花，一收到月钱即买花用光，但等买食物无钱时，只好贱卖花以维生。

　　在当地文人的作品里，对旗人总有不少负面的描述。由于不同的生活方式和文化认同，加之政治因素而产生的相互憎恶，一代代传承下来。在晚清，地方文人指出满人之所以变得越来越穷，是因为他们的懒惰和闲散，一首竹

消失的古城

枝词写道：

> 吾侪各自寻生活，
> 回教屠牛养一家。
> 只有旗人无个事，
> 垂纶常到夕阳斜。

另一首竹枝词也表现了类似的抱怨：

> 蚕桑纺织未曾挨，
> 日日牌场亦快哉。
> 听说北门时演戏，
> 牵连齐出内城来。

这是说满人不干活维生，整日沉溺于棋牌赌博，一听说有戏看，便蜂拥而至。

有身份人家的少妇拒绝到少城去，因为她们认为那里的人们"懒散"、"肮脏"和"粗鲁"，而且老是盯着她们看。在汉人居住的"大城"里，不断有年轻女士在满城受到骚扰的传闻。当地文人在描述满人时经常使用的语言，很清楚地反映了成都满汉族群之间的对抗。

族群冲突问题在政治危机期间变得更为突出。在

1911 年革命前，居住在"大城"的汉人与居住在"少城"的满人之间的关系十分紧张，李劼人在他的小说《大波》里便描述了这样的矛盾。积淀了二百多年的汉满之间的敌对终于在 1911 年爆发了，但是爆发的导火线不是民族问题，而是与清政府的政治冲突。

当成都宣布独立时，城里的满人听说在西安、锦州等城市，许多满人被汉人杀死，他们开始为自己的生命安全担忧。他们决定当无法保护自己时，让所有的妇女和孩子都自杀，男人则去拼命。然而，新成立的军政府承诺保证他们的生命安全，没有发生他们所恐惧的族群间的屠杀事件。

成都居民也看不起来自边远地区的人们，特别是那些住在四川西部边境沿线的藏人。成都既是中草药、毛皮和藏货贸易的中心，也是本地商人到全国各地贸易的中转站。成都居民将那些来自边远地区的人看作"乡巴佬"或"野蛮人"。

正如一个地方文人用谐谑的口吻所写的："西蜀省招蛮二姐，花缠细辫态多憨。"一位文人在其竹枝词中，嘲笑那些来自大小金川和西藏的藏人：

大小金川前后藏，

每年冬进省城来。

消失的古城

> 酥油卖了铜钱在，
>
> 独买铙钲响器回。

　　有意思的是这位作者为这首竹枝词加了个注，让我们进一步了解了成都市民对这些远道而来的藏民的态度："蜀中三面环夷，每年冬，近省蛮人多来卖酥油，回时必买铜锣铜铙等响器，铺中试击，侧听洪音，华人每笑其状。"

　　对藏民来说，成都是做生意和联系外部世界最近的一个重要商业中心，而成都居民也同样依赖这些商业活动，虽然经济交往能够增进相互理解，但文化隔离和歧视却根深蒂固，这从作者所用的"夷"、"蛮人"等词中表露无余。在他们的文字中，"我们"与"他们"的区分是十分清楚的。

　　法国年鉴学派代表人物布罗代尔（Fernand Braudel）研究了城市与乡村之间错综复杂的关系，并努力去"重新发现一种全世界城市都存在的共同现象"，即城乡间的既相互依赖又有着隔阂的关系。他发现，"同农村持续不断的对立似乎是在日常生活中不可避免的"。

　　成都与临近的乡村有着密切的联系，尽管一堵城墙将城市围了起来，但是城市居民不可避免地依赖与城外地区的交易。这样一来，一个既相互对立又相互依靠的模式建立了起来。例如，如果没有周围农村，城市居民便不能享用新鲜食品和雇用来自乡下的廉价劳动力。

另外，成都平原的农户的居住模式是分散型，每个家庭都住在他们的耕地附近，基本上不存在中国传统意义上的"村庄"。在成都平原上，田野中间被竹林环绕的一家一户或若干农舍成为其独特的自然景观。由于没有或缺少紧密的邻里关系，平原上的农家们会产生一种孤独感，因此频繁地赶场和进城就成为他们日常生活中的必要之事。

成都城墙外面的乡村景色。钱柏林摄，1909 年。

每天都有很多人来到成都的街上、酒馆和茶馆里寻求与他人的——既有经济的亦有社会的——联系。而且他们也在很大程度上依赖于城镇市场来交换农产品和手工品。

消失的古城

在繁忙的春秋季节里，农民们在田地间辛勤耕作；但是在夏冬农闲时，他们又作为游方小贩或匠人出现在成都街头。因此，在成都街头可以定期看到来自农村的小贩和手艺人，他们大多是早来晚归，但是如果有些路程较远的外来客，需要在城中逗留几天或更长的时间，也会在小客栈，特别是在廉价的"鸡毛店"过夜。

城市居民认为他们比乡下人高一等，嘲笑后者"愚蠢"、"幼稚"、"粗俗"，称他们为"乡巴佬"、"乡愚"，说他们的闲话，传播一些关于乡下人的"离奇"故事，把他们作为茶余饭后讥讽的对象。尽管两者都生活在成都平原，但他们看起来却有极大的不同。

住在城墙外的农民——哪怕是离城仅一两里远——外表、口音、穿着等都与城里人有明显区别。乡下人的出现不时会引起饭馆、茶馆里的城里人许多好奇的打量甚至议论。下面是 1917 年发生在一个茶馆里的谈话，便充分说明了都市人和"乡巴佬"间的鸿沟：

昨有一个农民来省，到某茶园吃茶。闻有人说："西南政策把我们害了。"农民上前怒谓之曰："稀烂政策害了你们？闻省中善人很多，生的死的都被怜恤。我们乡下人受稀烂政策的影响，银钱衣物要抢去；莫得现银物，人也要拉去。挨打受气，又出钱，有哪个怜悯你?"其人见农民误解,复谓之:"现在讲的是云南政策了。"农民更惊,旋又答之曰:"说起营盘,我辈更怕!"农民方开口,其人知不可谕,遂起而去。

汉语中有许多同音词和近音词,因此人们在对话中可能会曲解对方。不同口音的人相互交谈时,这种情况就更为严重。从表面上看,这个故事是关于那农民对城里人谈话一些近音词的误解,但弦外之音,却是与"愚蠢"的农民无法进行"政治话题"的谈论,进一步反映出城市居民的优越感。从"其人知不可谕,遂起而去"来看,这个城里人是不屑与这个"乡巴佬"费口水,干脆一走了之。

不过,这个发生在茶馆的插曲从另一个侧面也说明了,在军阀割据时期人们仍然可以在茶馆中自由谈论政治,还表明陌生人之间可能进行无拘束的闲聊,哪怕是农民,也可以随便插入他人的谈话。然而,在国民党时代,这种自由受到极大的限制,唯恐惹麻烦的店主总是贴出"休谈国事"的告白,以警告人们在各茶馆中不要议论敏感话题。

除了城乡冲突之外,新老移民之间的对立在中国城市里也很普遍。由于明末清初战争之破坏,成都几乎很少有

消失的古城

真正的本地人。清初以来，通过不断地移民，城市恢复了昔日的繁荣。地方文人吴好山写道：

> 三年五载总依依，
>
> 来者颇多去者稀。
>
> 不是成都风景好，
>
> 异乡焉得竟忘归。

　　来自外省的大批商人到了成都后就逐渐定居下来，开店营业，他们大多数人都专营一种或者几种商品。随着他们人数的增加，他们建立了行会或会馆。

　　对于移民来说，成都有更多谋生的机会，特别是对那些因自然灾害和土匪横行而背井离乡的人们来说，这里也要安全得多。另外，他们在成都扩大经营，并由此与其他商人产生了竞争，也不可避免地引起了当地人的抵制。

　　在成都有一个广为流传的故事，可以增加我们对新老移民之间紧张关系的了解：19世纪80年代，陕西人在成都立脚后，他们想为同乡会建造一座会馆，但是成都人不喜欢这些暴发的商人，拒绝将土地出售给他们。后来经过多方努力，陕西人买到了一处低凹泥泞的土地。此地开建前必须用石头和泥土来填平，但成都人不允许他们从成都

小乡场上的大牌坊。甘博摄，1917～1919 年。

就地取土，以此阻碍他们的修建计划。同乡会只有号召所
有的陕西人从自己的家乡带回一袋干燥的泥土。两年内洼
地即被填平。

　　现在无从考证这个故事的真假，但故事本身可能夸大
了成都人的心胸狭窄和他们与陕西人之间的矛盾。不过这
个故事的流传，的确反映了存在于本地人和外来者之间的
经常不断的形式繁多的冲突。

消失的古城

清末民初，来成都的移民数量大幅度增加。一份
1917 年的报告指出，成都最近增加了二万余户家庭，引
起一些人担心城墙内这有限的地方，如何能容纳下这样多
的人口。一些人认为，清政府倒台后，失业人数增长，这
加剧了谋生的困难。成都吸引了来自各个地方的新移民，
所以是良莠混杂，一些坏人隐藏在人群中，可能对社会安
全有潜在的威胁。当地报纸报道了一个乡下人是如何在骡
马市认出一个"面目可憎"的汉子，这人是曾经在什邡
县抢劫过他家财物的匪徒。因此，一些地方精英呼吁政府
对流动人口给予更多的限制。

成都同中国其他城市一样，由族群、籍贯等的差别引
发的问题非常普遍。或许城市中邻里之间的亲密关系强化
了"我们"（邻里）与"他们"（乡下人或移民）之间的
隔阂。

成都居民不喜欢"陌生人"来改变他们的日常生活，
而那些被排除在外的人努力在公共空间维持生计和寻求娱
乐，这便是在城市中每天都不断出现的纠纷、冲突乃至暴
力的土壤。

其实，这不是成都的独有现象，在中国任何一个传统
城市里，这种冲突都是见惯不惊的，而且实事求是地说，
成都算是一个很包容的城市了。直到今天，这个城市仍然
是中国让外来人最感亲切的城市之一。

　　实际上，虽然我们指出了城市中存在的这些问题，但这并不否认在长期历史过程中成都社会所建立的一种稳定机制。也就是说，即便是在冲突发生时，这种能自我调节的机制也能把冲突限制在比较低的层次上，而很少发生那种不可收拾的大规模骚乱。

25

下层民众的革命

一般都说辛亥革命是精英革命，没有民众的参与，所以失败了。其实，推翻清王朝就是最大的成功，而且民众也是革命的积极参与者，四川保路运动便证明了这一点。

政治总是要在公共空间展示的，中国近代的历次革命运动充分证明了这一点。在激烈的社会动荡中，街头会成为动员民众的政治空间，民众成为街头政治的中坚力量。

辛亥革命之前，成都街头的政治化便已见端倪，诸如排外运动、"邪教"起事、商人罢市、旗人骚乱以及革命党的武装暴动等频繁出现。例如1905年，由于抗议政府强迫加征每店户每月500～1000铜元的商税，一场大规模的罢市运动爆发。各商店歇业，"散布各处的商贩禁止出售任何商品"，那些为生计冒险上街的小贩的摊子被捣毁。

1907年，革命派计划在成都发动武装起义，召集四千余哥老会成员于11月聚集成都，当他们埋伏在小天竺、安顺桥以及茶店子等候起事之时，密谋暴露而失败。

1911年夏，当清政府宣布铁路国有化政策后，一场声势浩大的保路运动在湖南、湖北、广东以及四川爆发。当成都市民意识到铁路是"存亡关键"，而竭尽全力加入"破约保路"运动时，街头立即成为政治斗争的巨大舞台，公众集会成为发动民众最有效之工具。

四川铁路总公司举行集会，会场所在的岳府街成为"人的河流"，估计有约五千人参加，几位运动领袖演讲路权与国家命运之关系，当会议达到高潮之时，"与会群众多痛哭失声，巡警道派去维持秩序的警察亦相视流泪"。

保路同志会派代表向中央政府请愿，在南较场举行的大规模的送别仪式上，赴京代表发誓不达目的绝不回川，此时"台上台下群情激愤"。在另一集会上，当一个小学生代表同学发言，建议每个学生每天向运动捐钱二文，与会者多被深深打动。

一位老者上台搂着这孩子，声泪俱下地说："我辈所以必争路争爱国者，皆为此辈小兄弟计也。"在场万余民众亦失声痛哭，甚至维持秩序的警察也表示道："我亦四川人，我亦爱国者。"显然，以公众集会作为宣传工具来唤起民众取得了巨大的成效。

改良者与下层民众首次加入同一政治性组织——四川保路同志会，同志会以街道、职业、社会集团为基础建立了许多分会，如太平街分会、妇女分会、学生分会、丝帮分会，甚至乞丐分会。各店铺则组织"一钱会"，即成员每人每天捐钱一文给保路同志会。

该组织发起于东大街，又传到南纱帽街，后来进一步扩展至童子街、梓橦街和马王庙街。各分会的成立如雨后春笋，短期内便出现在每个街道。一些诸如木材和丝业等行会也组织了行业"一钱会"，仅丝业在几天之内便有二百余人加入。根据地方报载，一天时间内仅回民就组织分会二十余个。

四川保路同志会在全城发动了大规模的宣传活动。据传教士的观察，当时公开演讲成为"明显的街头一景"。《四川保路同志会报告》（后文简称《报告》）广为发行，每期印量达 1.5 万份。每天《报告》在公共场所一贴出，便人头攒动，讨论热烈。

此时改良精英也尽量利用街头来发动民众，运用从张贴政治传单到以大众娱乐的方式做政治宣传，诸如金钱板、大鼓书这样的"下里巴人"的演唱都得以运用。

此时，庙宇也被用作政治目的，一则关于公开演讲的告白告诉我们，同志会的演讲会在三义庙、火神庙、延庆寺和文昌宫举行，敦促士绅、商人和街道居民参加。因此，传统的宗教崇拜的场所转变成了政治动员的舞台。

下层民众响应运动的号召进行罢市。据描述，在罢市期间，各街商店关闭，各业停工，整个城市像停摆的钟：

《四川保路同志会报告》第一号

　　成都本是一个摩肩接踵、繁荣热闹的大都市，至
此立刻变成静悄悄冷清清的现象。百业停闭，交易全
无。悦来戏园、可园的锣鼓声，各茶馆的清唱声，鼓
楼街估衣铺的叫卖声，各饭店的喊堂声，一概没有
了。连半边街、走马街织丝织绸的机声，打金街首饰
店的钉锤声，向来是整天不停的，至是也听不见了。
还有些棚户摊子，都把东西捒起来了。

消失的古城

　　这个城市从未这么安静过，就像突然失去了活力，以至于市民们对这失去喧嚣的城市甚感不惯。罢市立即影响了许多贫民的生计，然他们又不得不跟随主流。为帮助他们渡过难关，同志会在铁路公司之下组织了"施济局"，向三万多贫民发放米钱。

1911 年 11 月 27 日大汉四川军政府成立之日。
那爱德摄。

　　这一时期改良精英对下层民众的态度发生了很大变化。过去他们总是藐视民众的道德和思想，然而在民众积极参与保路运动之后，他们也不得不被下层民众积极投入运动、出席集会、捐钱出力的热情所感动。

一位轿夫在捐出他的血汗钱时说道："苦力也是公民。"虽然我们可以说他们对"公民"的含义恐怕并不十分明白，但这种表白无疑说明了他们对地方政治的关注和参与。民间艺人团体也派代表到同志会表达对运动的支持。

在保路分会的组织下，街民们举着旗子在护理四川总督赵尔丰出行经过之处，跪在烂泥里向其请愿。这些活动都使精英意识到，民众是一股可以用来达到其政治目的的强大力量。

在改良精英的支持和鼓动下，民众以修筑"先皇台"——祭祀光绪皇帝的大祭坛——来占据街头，以纪念死于1908年的光绪皇帝为手段来表达政治声音。类似的仪式也深入各家各户，在几天时间之内，各商家、铺户和居民的前厅都供起了光绪牌位，门上贴着"庶政公诸舆论，铁路准归商办"两句取自光绪圣谕的对联，因为光绪被视为铁路商办的支持者。各街民众在"先皇台"前昼夜焚香跪拜，整个城市一片沸沸扬扬。

一位西方目击者写道："这个城市的每家都立有一书有'光绪皇帝灵位'的黄牌，配以摘抄自准四川商人自办铁路的圣谕。各交通要道都立有跨街的大牌坊，置放有光绪画像，灵位前有花瓶、香案以及其他物品。"祭奠往往能激起人们的情感，在肃穆的祭坛前，香烟缭绕，仪式庄严，人们哭号跪拜，其情绪相互感染。我们可以想象当时的氛围，感受到人们无限悲愤的心境。

显然，修建牌坊、竖立灵位、烧香祭祀、跪拜街头，等等，并非仅仅简单的宗教仪式，而是政治反抗。例如街头牌坊实际上也被民众用来发泄对官方的不满：由于街头建有光绪灵牌，致使官员不敢像往常那样骑马或坐轿上街，若有官员敢冒天下之大不韪，则必为民众所攻击。护督赵尔丰对此亦有觉察，他指责道：

> 省中各街衢皆搭盖席棚，供设德宗景皇帝万岁牌，舆马不得过。如去之必有所借口，更有头顶万岁牌为护符。种种窒碍，不得不密为陈告。

因此，街头的宗教仪式犹如西方城市中的节日游行，不仅是社会关系的大众戏剧，而且也可能是权力关系的战场。就像法国大革命中的三色徽章和爱国坛一样，保路运动中祭坛和灵位也"被赋予了神圣的色彩"。

在动荡不安的社会冲突中，地方政治文化得以重新建构。在这一过程中，传统的宗教仪式被用于政治目的，精英和民众都史无前例地卷入地方政治之中。

不过应该注意的是，法国大革命与保路运动在形式上虽有相似之处，但它们的文化土壤、追求的目标、运用的手段、领袖素质等都迥然不同。法国大革命是"有意识

四川护理总督赵尔丰

地与其过去分离并奠定新社会的基础",但成都的精英们
只把其目标限定在经济利益之内。

　　不过,如果我们充分理解成都只有十年"启蒙"的
历史,我们仍有理由认为保路运动在地方政治中,迈出了
史无前例的一步。即使地方精英并未试图反对中央政府,
但这是他们第一次组织民众挑战国家政权。

　　这些公共仪式体现了精英的策略,他们意识到宗教
仪式是他们斗争的绝好工具。然而,精英并不想走得太
远,从保路运动一开始,精英便竭力避免与政府的直接
对抗,并试图把运动限制在特定的范围之内。保路同志

消失的古城

会发布告示称：

> 人人负有维持秩序之义务，今千万祷祝数事：
>
> （一）勿在街上聚群！
>
> （二）勿暴动！
>
> （三）不得打教堂！
>
> （四）不得侮辱官府！
>
> （五）油盐柴米一切饮食照常发卖！
>
> 能守秩序，便是国民；无理暴动，便是野蛮，父勉其子，兄勉其弟，紧记这几句话。

当改良精英力图发动民众之时，他们强调的外人及其财产应得到保护，不得让官府丢掉脸面。显然，他们试图使运动运行在"理性"的轨道上，在与国家权力斗争的同时，仍然保持社会生活的稳定。

可以说在保路初期，运动在领袖们的设计之下发展平稳，但成都惨案导致了情况的逆转，和平请愿演变为反清政府的"暴乱"。1911年9月7日，赵尔丰逮捕了罗纶和其他八位运动领导，全城为之震惊。民众立即聚集示威，很快参加者达千人以上，群情激愤，男女老幼一只手拿着焚香，另一只手端着黄色的光绪灵位，涌向总督衙门。

保路运动领袖罗纶

大家哭喊着："还我罗纶！还我罗纶！"吁请释放运动的领导人。街头曾经是民众的活动空间，但这时精英在街头也充当了一个关键角色。成都市民从未见过如此的场面：警察在前面开道，穿长衫的士绅领头，后面跟着无数的下层民众。城市精英和下层民众站在一起，在"公共舞台"上演出了一场生动的"社会戏剧"。

这场和平示威以血案结束。虽然"百姓哀求拜跪"，但清军并没有因此怜悯，赵尔丰令兵丁在总督衙门前大开杀戒，瞬间人们四散、店铺关门，母亲在街上声嘶力竭地寻找失散的孩子，总督衙门前顷刻间留下二十余具淌血的尸体，以及散乱的鞋子和被打破的光绪灵位。

赵进而派兵把守各街口禁止人们通过。大部分参加者都是下层民众，在这次遇难的人中，26 位的身份得到证实，其中 16 个是织匠、刻匠、学徒、裁缝和小贩。当遇难者家属领回尸体时，官府竟迫使他们承认死者是"土匪"，并支付 40 个银元。

为成都惨案修建的纪念碑
（成都人民公园内）。作者摄，1997 年。

　　惨案导致了民众和政府的直接对抗，和平的保路运动立即演变成为暴力的革命。正如一个目击者以悲愤的心情所写的竹枝词：

　　　　新军错计恃洋枪，

　　　　谁料愚民愤莫当。

　　　　夺得洋枪还死斗，

　　　　可知器不敌人强。

　　为防止暴动，赵宣布宵禁，关闭城门以切断与外界的联系。成都惨案使人们放弃了对清政府的幻想，人们以各种方式表达自己的愤怒，在赵尔丰的告示上涂鸦便是方法之一。李劼人写道：

　　　　过了一夜，但凡通衢要道，有军警梭巡地方，告示还象（像）昨天那样：白纸，黑字，胭脂关防。其他一些偏僻街道的告示，或者被人撕得七零八落，或者告示上遭上土红桴炭什么的批得一塌糊涂。……最多是一派谩骂："放屁！放狗屁！放你赵屠户娘的狗屁！"

　　成都民众还发明了所谓的"水电报"，作为与外界联

消失的古城

李劼人的《大波》描述了波澜壮阔的四川保路运动

系的工具。即将成千上万的小木片放进河里，随水漂到各处，上记成都发生的事件，呼吁外界支持。这一方法被外人称为"聪明的发明"。

政府对和平请愿的血腥镇压，造成了人民的武装反抗。民众开始组织保路同志军以作为自己的军事武装，从各郊县涌入。以哥老会成员为主的同志军手持刀矛，高举旗帜，每支或数千或上万，会集城外准备攻城。成都市民正急切地盼望同志军入城，此消息立即散布全城。

一天早上，当在街头玩耍的小孩看见有人骑马朝南门而来，便边跑边叫："他们来了！他们来了！"一位传教士描述道："正在理发的顾客也披头散发地跑出来，眼睛

睁得大大的，一脸惊讶。"一些人叫着："他们从南门来
了！"另一些人却嚷道："北门已经攻破！"随后人们得知
这只是一场误会。这时的成都街头满是躁动不安，恐慌像
野火一样蔓延全城。

研究中国宗教的人类学家芮马丁（Emily Ahern）指
出，"国民可用宗教仪式反对政治权威"，辛亥革命中的
成都街头所发生的一切，便印证了这一观点。

人类学家还发现，宗教仪式、节日庆典以及大众娱乐
往往在社会剧变之时扮演重要角色，这些文化传统可被政
治运动的领导人用于发动民众以对抗国家权力。

在过去，下层民众习惯于远离政治，对任何反抗政府
的煽动总是心怀疑虑。然而，政治的表现形式发生变化
后，即大众宗教和街头文化被精英用作发动民众的工具之
时，情况则发生了极大的变化，他们像参加宗教仪式或街
头节日庆典那样投入政治反抗运动之中。

但是我们应该意识到，虽然民众与改良精英在爱国的
旗帜下站在了一起，但是他们有着不同的既得利益。对改
良者来说，他们的目的是利用民众力量迫使政府收回铁路
国有政策，但他们并不想让其苦心经营的社会秩序毁于
一旦。

然而对民众来讲，运动可以扩展为争取更大的生存空
间和更好的社会环境的斗争。因此这种合作难以持久，辛

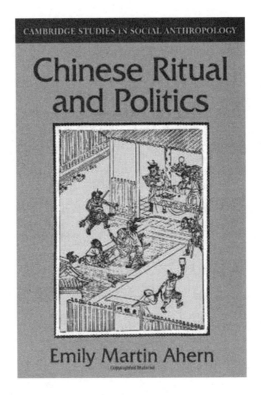

芮马丁的著作《中国人的仪式与政治》

亥革命刚刚在全国爆发，他们的联盟很快趋于破裂。革命没有带来幸福和稳定，反而进入了一个更为糟糕的时代。这是革命者和民众都所料未及的。

　　大众文化在政治运动中，特别是在保路运动中起到的巨大作用，并不表明街头政治决定了运动的方向，以前的研究已经指出武装起义具有决定性作用。探索保路运动中的街头政治，意味着使我们的研究从精英的活动延伸到民众的角色，即从表面的政治波浪深入波浪下面的潜流，从另一个角度来理解这场政治运动，进而也从一个新的角度来观察这次运动，以及改良精英和普通民众之间的关系。

26

日常生活中无处不在的政治

人们经常说自己不关心政治，只想过好自己的生活，但这不过是一厢情愿而已。你不关心政治，但是政治无处不在。你不过问政治，政治会过问你。哪怕你是一介小民，也必须面对政治的影响。

辛亥革命前的成都茶馆，连茶馆里的顾客都不可避免地卷入了地方政治之中。韩素音在其自传中写道：茶馆不再是一个闲聊的场所，而充满着政治辩论和政治活动：

> 你知道我们成都是一个古老的城市，那里花树成荫，有文化气氛，到处是书坊，安静平和，人们为其古老和历史自豪。……但在1911年5月底以后，它变为十分不安，公园和街头的茶馆充满躁动，这个城市正酝酿着骚乱。

这个时候，茶馆中"来碗茶"的吆喝不再像过去仅仅是社交或生意洽谈的开端：

立即吸引众多人聚集，有些人甚至站着聆听人们关于铁路国有和借外款的辩论。然后人们悄然散去，又到另一茶馆听另一场辩论。

如果说茶馆是人们公开议政的讲台，那么它也是地方政府收集情报的场所。政府派密探到茶馆偷听人们谈话，竭力发现所谓反政府的"煽动者"。

如韩素音描述的：

拥挤的茶馆召来了满清的密探。在露天茶社，在爬满藤蔓的凉亭下，在悦目的树荫和竹林中，都散布着边品茶边偷听文人谈话的密探。

在这一时期，公共场所的闲聊在很大的程度上被政府干扰。例如一项规定明令：如果发现任何操外省口音者在茶馆谈论军务，看起来像一个"间谍"，店主应向警察密报；如果所报属实并协助使"间谍"就擒，可得十元奖赏。由于政府经常利用茶馆得到的"情报"打击一般民众，各个茶馆都贴出"休谈国事"的告白，以免闲聊招惹是非。

辛亥革命以后，民国政府也把他们的政治引入茶馆，例如令各茶馆都必须悬挂孙中山、蒋介石画像，以及国民

消失的古城

1928 年韩素音（左一）全家福

党的《党员守则》和《国民公约》。政府的这个强制要求也受到自由知识分子的批评，他们指出这实际上是为了钳制人们的思想以实施专制。

在军阀混战时期，成都成为滇、黔、川军争夺的战场，城市里发生巷战，这时茶馆成为地方政治和社会秩序的晴雨表，其开门营业与否成为人们衡量是否安全的标志。

吴虞在一则日记中写道，他在"闻街上茶铺已开"后，才放心出门，但他和友人在去茶馆的路上，看见"各街铺户仍未开也"。这也告诉我们，即使在战争的危

险时期，成都市民仍抓紧一切机会去茶馆，追求他们的公
共社会生活。

高呼"打倒孔家店"的吴虞

　　随着社会和地方政治的变化，大众娱乐活动也不可避
免地趋于政治化。过去地方戏剧主要表现情爱、鬼神、忠
孝、贞节等传统主题，从晚清以降，此种"永恒"主题
开始转变，"政治戏剧"开始进入茶馆。

　　1912 年，悦来茶馆上演根据美国小说《汤姆叔叔的
小屋》改编的川剧《黑奴义侠光复记》，该茶馆在当地报
上的广告称：

消失的古城

> 本堂于戏曲改良，力求进步。现值种族竞争、优
> 胜劣败，是以特排演《黑奴义侠光复记》一部。此
> 剧从《黑奴吁天录》脱化而出，乃泰西名家手编，
> 其中历叙黑奴亡国之惨状，恢复故国之光荣，尤令人
> 可歌可泣，可欣可羡，能激发人种族思想，爱国热沈
> （忱）。

显然，人们对这部美国名著的理解基于中国自己的处
境。在辛亥革命之前，此书便已被翻译为中文，革命者曾
用其进行反满宣传。这出剧的公演反映了在推翻清朝统治
之后人们的情感和思想状况。

虽然传统的地方戏在辛亥革命后仍占统治地位，但是
它们的主题从神鬼情爱转变为革命性故事。社会改良者竭
力改变传统戏垄断舞台的状况。一些精英愤而指责戏院忽
视道德，所演剧目是"名为教育，其实教淫"，担心中国
数千年之伦理将毁于一旦。一些学校甚至禁止学生进入剧
院以避免"沾染恶习"。

改良者还组织"新剧进化社"，以从事戏曲改良，其
目的是教化民众、改变陋习、增进教育、宣传共和以及稳
定社会。该社计划在悦来茶馆修建移动舞台，并按欧美技
术进行舞台布景。

一些西方小说被改编为川戏，其大多有着明显的政治

UNCLE TOM'S CABIN;

OR,

LIFE AMONG THE LOWLY.

BY

HARRIET BEECHER STOWE.

VOL. I.

ONE HUNDRED AND FIFTH THOUSAND.

BOSTON:
JOHN P. JEWETT & COMPANY
CLEVELAND, OHIO:
JEWETT, PROCTOR & WORTHINGTON.
1852.

《汤姆叔叔的小屋》英文原版

倾向，如《多情英雄》是改编自波兰的爱情故事，其揭示了爱情与政治、爱国主义与利己主义、英雄与"丑恶的"政治家的关系。改良者还建立了一个新式剧场"革

消失的古城

新新剧院"，其由茶馆改建而成，专演那些讽世励俗、鼓吹婚姻改良的新剧。

民初话剧也被介绍走上成都舞台。新剧运动的先锋曾孝谷在民初从日本回成都后，组织了春柳剧社，与老资格的三庆会唱对台戏。三庆会是成都川剧界最有影响力的班子，以其演绎精湛的传统剧目而拥有大量的观众。与其不同的是，春柳以演"时装戏"，即现代戏而吸引观众，具有强烈的政治倾向，如《祭邹容》《成都故事》《重庆独立》《徐锡麟刺恩明》《黄兴挂帅》《闹广州》，等等。

悦来茶馆的三庆会旧址。作者摄，2003 年。

这些新戏剧都是以辛亥革命中的真人真事为基础创作的，提倡革命暴力和英雄主义，与传统的鬼神、忠孝、情爱主题形成了鲜明对比。这种大众娱乐主题的转变，亦反映了政治和社会的发展。

当然，新戏的发展并不意味这一时期传统戏被取代。对广大下层民众来说，传统戏曲仍然更具吸引力，而新剧主要以受过一定教育的青年人为观众。

在五四运动和新文化运动的影响下，新型的"幕表剧"流行起来，参加表演者多是各校热衷于"反封建"的学生。20世纪20年代初专业话剧剧团"一九剧社"建立。除演具有革命内容的剧目之外，还上演西方名剧，如莎士比亚的《威尼斯商人》等。

1925年，通俗教育馆在少城公园开办一个剧院，由美化社和艺术研究社轮流上演话剧，每周演出两三个晚上。这些剧以四川方言上演，吸引众多观众。1926年剧协在成都成立，在其主持下一些中外名剧得以上演，包括易卜生的《玩偶之家》。

值得注意的是，社会改良者还推出鼓吹婚姻自由的话剧《包办婚姻》，鞭挞那"罪恶社会"，揭露鸦片烟鬼、赌棍、流氓和妓女等"社会蛀虫"。他们称这类作品为"文明话剧"，希望以此推动"顺应世界潮流"的改革。

同时，地方政府也开展了所谓"游艺革命化"运动，

消失的古城

修建了一个新剧场、一个影院、一个音乐厅以及一个舞厅，还支持了一个表现孙中山革命生涯的历史剧上演。显然，社会改良者和地方当局都认为，戏剧表演是教育和政治的工具，因而竭力推进具有政治性的娱乐。

革命的政治文化是由语言、形象以及人们的姿态等象征性行为组成的，在保路运动中的成都，这种象征性行为随处可见，它们焕发了人们的相互认同，促成了人们的步调一致，激起了人们同仇敌忾，从而成为革命的强有力工具。

在讨论法国革命中的政治与文化之关系时，法国史专家 L. 亨特（Lynn Hunt）指出，"政治实践并不仅仅是基本的经济和社会利益的简单表现"，革命者通过其语言、形象和日常政治活动"来重新建构社会和社会关系"。革命者在政治和社会斗争中的经历，"迫使他们以新的方式看待世界"。

像法国大革命一样，从一定程度上讲，辛亥革命在中国城市是根植于一定的文化土壤的。这一时期，在地方政治影响之下，街头文化被纳入政治轨道。在精英主导下的传统社会共同体（或社区）演变成为社会学家 R. 桑内特（Richard Sennett）所描述的政治斗争中的"政治共同体"（political community），即人们的社会联系和共同行为不仅仅是社区的日常生活活动，还出于共同的政治利益。

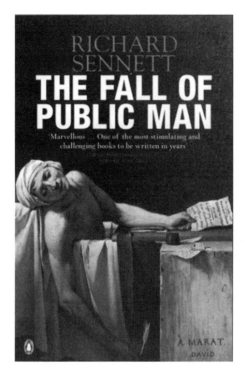

桑内特的名著《公共人的衰落》

1911 年爆发的辛亥革命标志着民众的政治参与，以及从街头文化到街头政治的转变，这种转变也影响人们的日常生活。从那时起，街头经常用于政治目的，普通民众被迫生活在无情的权力斗争的阴影之下。虽然在很大程度上，街头文化和街头生活在混乱的年代幸存下来，但令人遗憾的是社会环境的恶化，街头文化和街头生活也不可避免地改变了。

消失的古城

　　精英对民众公共政治参与态度的这种转化，实际上是根植于他们不同的阶级利益，他们自始至终都把民众当作与国家权力进行斗争的一种工具。当他们需要利用这种工具时，他们可以暂时容忍民众在公共场所的集体行为；然而当这种工具对他们来说不再重要时，他们便立即改变了对民众以及其公共行为的态度。

　　对于民众来说，无论他们是一场政治运动的支持者还是反对者，他们最终都没有享受到运动的成果，无非是成了政治的工具而已。

27

为什么人民对革命不满？

从辛亥革命肇始，"革命"成为一个时髦的概念。不但政治思想与政治态度必须与革命联系在一起，而且与人们面貌有关的一切，从服饰到发型都被纳入了革命的范畴。这种现象与法国大革命甚为相似：个人装饰从特定方面显示了对这场革命是支持还是反对的态度。

许多激进的精英提出禁止穿旧式服装，反对者则称如此将造成"洋装"取代"汉装"，政府不得不采取调和的态度，布告允许人民自己选择，但满清官服和制服则被禁止。

这时剪辫成为一种革命的标志，长期以来辫子都被汉人视为满人统治的一个象征，因此在新政府成立之初，便令剪辫以扫除"陋习"。但是剪辫也经常遭到抵制甚至导致冲突。据《国民公报》报道，一个该报称之为"乡愚"的农民在街上被警察抓住勒令剪辫，气极之下竟将那警察打倒在地，引起众人围观。

这一事件也说明，任何"革命"面对不同的对象，便会得到不同的反应。不过，在这一时期人们可以看见五

消失的古城

花八门的发式，有的剪辫，有的留辫，有的既不剪也不留；有的恢复古式，有的用布包头发；有的戴遮阳帽，有的戴西洋帽。但是，保留辫子一般会受到社会的指责。这些各式各样的辫子和发式，其实也是当时社会变迁过程的缩影和真实写照。

1912 年《通俗画报》上有一幅《假毛跟拜堂》的讽刺画。"毛跟"为四川土语，即"辫子"（可能"毛根"更贴切一些），这幅漫画讽刺了民国初年的复旧倾向。图题曰："前十日东门某街某板铺用满清衣冠拜堂，而新郎之发，又早已剪除，乃缝一假毛辫于冬帽上，公然戴顶子，接新娘。观者无不笑骂。"

在 1912 年《通俗画报》上的一幅"警世画"《有毛辫的遭殃》，便生动地描绘了辫子给人们所带来的噩运。这幅漫画显示有辫子的人将招致麻烦。我们看见，不管是在男女之间，警察和平民之间，或者农民和城市居民之间的争端，人们都能轻易地抓住男子的毛辫。一人的毛辫卷进了一台机器，另一个人的毛辫缠到了马腿上，使得他被马拖着走。这显然是对那些辛亥革命后仍然保留发辫的人的讥讽。

如法国大革命和中国的辛亥革命所表现的，激进的政治运动带来了时尚的变化，即"个人装饰都从特定方面显示了对这场革命是支持还是反对的态度"。

讽刺画《假毛跟拜堂》，《通俗画报》，1912 年

　　茶馆里的"自由"交谈，为我们民众的想法和他们对社会的态度提供了难得的依据，但其中只有极少部分被记录下来。从那些难得一见的文字中，我们得以了解普通民众的思想和当时的社会状况，如一份报纸报道的两个人

消失的古城

讽刺画《有毛辫的遭殃》，《通俗画报》，1912 年

在一家茶馆的谈话就很典型：

> 昨日有两位老者在茶园坐谈。
>
> 甲呼乙曰："亲家你见到没有？近来世界新、潮流新、学说新、名词新，我们不会跟倒新，又有人笑无旧可守，只好听他吧。"
>
> 乙曰："我看近来说得天花乱坠，足以迷人睛，炫人目，惑一些血气未定的青年。稍明事体的，都知道是壳子话，骗人术，你这么大的岁数，还不了然吗？辛亥年耳内的幸福，到而今你享受没有？还有不

上粮的主张，你记得不？如今却不去上粮，预征几年就是了。又有种田的自由，你乡下的大屋不住，搬到省来，就不敢回去。究竟自由不？热闹话，我听伤了，如今再说得莲花现，我都不听。你还说听他吧，你未免太老实了！"

成都郊区彭镇观音阁老茶馆，作者摄，2014 年

　　这真是革命后人们关于现实看法的绝妙记录。谈话的主题是对"新"的抱怨，但透露出"新"背后实质上的"旧"的不满。从谈话中可看出，至少其中一人来自乡间，也可能是一个城居地主，在乡下有"大屋"。且不论

他们的社会身份和社会地位，很明显他们对自己的处境感到非常不满，以对令人目眩的"新"事物的讥讽，来发泄他们的愤恨。

报道也确认，这是一个过渡的时代——"旧"的已经被破坏，而"新"的尚未建立，大多停留在口头上。并不是说这些人不喜欢新事物，他们对"新"的反感是当权者反复失信所造成的。

以妇女的生活来讥讽当时所标榜的"自由"、"平等"、"博爱"
《华西晚报》，1942 年

清廷一倒台，民众在街头的政治使命便宣告结束，即使他们也在一些政治场合中出现，其身份也多从表演者变为观望者。以城市精英和旧官僚为主的四川军政府在建立之后，竭力稳定公共秩序，并制定了有关规章以

限制公共集会:

> 本律称集会者，凡以一定之宗旨，临时集众，公
> 开讲演皆是。集会关于政治者，称政治集会。

组织任何诸如此类的集会，都必须事先向警察报告目
的、时间、地点、背景、组织者的地址以及参加的人数
等。非政治性集会也得预先申请。新章程规定和尚、道
士、中小学教师和学生、妇女、未满 18 岁的少年、有犯
罪前科者、文盲等都不得参加政治集会，这实际上剥夺了
相当大一批人的政治权利。

该规章还赋予警察控制公共集会，包括解散集会等的
极大权限。警察可以监视和调查这类活动，如果发现任何
有关宗教、煽动性或"有伤风化"等的内容，警察都可
以强制停止。

革命所许诺的"光明未来"从未实现，而且人们的
生存环境进一步恶化，这使他们将愤怒转向精英改良者、
革命家和政府"新"旗帜下的一切事物。对社会现实的
抱怨，表达不满和愤恨是日常生活的一部分。民众从对现
实怀有不满转而成为社会批评者甚至不同政见者。

澡堂老板刘师亮便是一个典型。他关心穷人的疾苦，
以揭露成都社会的黑暗为开始，最后演变为与地方政权的

消失的古城

较量。他以讽刺作品为武器，写了许多对联、诗歌和竹枝词批评时政。

成都出版的《娱闲录》中的讽刺画，1914 年

例如他用女人穿大鞋的小脚来比喻当时共和的实质仍然是专制：

脚穿放鞋近来多，

裹脚缠它做甚么？

好似方今新政体，

内头专制外共和。

他指出所谓的革命和共和未给民众带来安定和幸福，而是更多的灾难：

幸福人人说共和，

共和偏著泪痕多。

迭遭兵燹逢饥馑，

无限苍生唤奈何！

他揭露军阀争权夺利对人民的危害：

你征我伐事诛求，

说起方方有理由。

只有无辜小百姓，

事齐事楚总堪忧。

并抨击人民遭受压迫、没有权利的事实：

几多杂币纸银元，

吸尽脂膏是四川。

军阀太肥民太瘦，

消失的古城

> 大家空自说民权。

因此，所谓"共和"、"自由"、"幸福"、"民权"都是开给人民的空头支票，人民没有从革命中得到任何好处，而是遭受了更多的灾难。另外，民众不仅反对带给他们遭难的政治系统，对那些更直接的地方社区的领袖滥用职权也深怀不满。

在清覆没后，街正改由民选，但有人"假公众之名"而企图操纵选举，甚至使一些地痞也混迹其中。据报道，外东街的街正便被称为"痞棍"，曾因赌博和贩卖鸦片而数次被捕。一次，通顺街的百余"街民"上书政府指斥其街正是当地"流氓"。因此，冲突不可避免地在普通居民和社区领袖之间产生。

对城市公共空间的使用也可造成市民与地方政府的直接冲突，20世纪20年代许多贫民强烈反对修建春熙路便是一例。从总府街到走马街的一大片地过去是布政衙门，但清覆没后被荒弃。

许多穷民不断迁移到这一地区搭棚暂住，接着一些小店开办，逐渐形成了一个小巷。1924年，四川省省长、军阀杨森主持了一项改进成都街道的庞大计划，其中包括修筑春熙路。杨森派军队捣毁席棚、房屋和店铺，迫使人们搬迁，由此造成民众的反弹。

四川军阀杨森

　　其他街道的改建也使民众惶惶不可终日，许多房屋面临被拆除的危险，许多茶馆、商铺不得不关门。这个计划激起了众怒，如茶馆的店主们吁请行会提供援助，以罢市抗议。由于这次拆迁的打击，商会举办的每年一度的春节庆祝活动也被迫搁置。在春熙路完工后，刘师亮写了一副对联表达民众的愤懑：

　　　　马路已捶成，问督理，何时才滚；
　　　　民房已拆尽，愿将军，早日开车。

　　此对联有若干双关语，"才滚"是指铺路后要用石滚压路，但这里却暗含"滚蛋"的意思；"开车"是指"驾车"，但这里暗含"滚开"的意思。这副对联暗中贴在闹市盐市口，由于表达了人们要杨森尽快倒台的愿望，在两天之内便散布全城。

这或许是街头文化如何被转变成街头政治的另一个例子。与1911年辛亥革命期间不同，当时地方精英领导了这样的转变，而这时民众则在街头政治中自觉地发挥了积极作用，这或许表明了他们与地方政治更深层的牵连。

这一时期，每当全国或地方政治的关键时刻，学生总是上街游行，表达其政治主张，"警醒国人"，如1919年要求收回山东半岛、1920年四川自治以及1921年中国参加华盛顿会议等。每年重要事件的纪念日，学生也总是组织宣传队上街演讲。

20世纪20年代的成都已不再有声势浩大的反洋运动，但突发事件也时有发生，如在一次反日示威之后，二百多个被日本人称为"暴民"的人捣毁了日本领事馆。学生对国际国内政治的反应，反映出成都与其外部世界之间的日益密切的联系。

当然下层民众也并没有退出街头政治活动。如果说学生考虑的多是国家的命运，那么一般民众则为自身的生存和经济利益而斗争。如纺织工人在三皇会和工人行会组织下，在财神会和百神会支持下进行罢工，要求提高工资，但地方政府贴出告示严禁罢工，罢工工人在街头高呼口号，警察指控其扰乱公共秩序而予以阻止，并以严惩相威胁。

茶馆业在其行会组织下，也为保护自己利益而采取了集体行动。过去茶馆和剧场按规定，每月将一天的收入用于慈善事业，后各剧场相约拒付此税，指出慈善捐款应出于自愿。

民众经常以抗税的形式与政府对立，如因警察强迫征收茶税并殴打、拘捕店主和茶房工人，行会发动罢市要求减税，并派出代表与警察谈判，此举得到广泛的支持。

《时事周报》曾发表一篇题为"五月的成都"的文章，列举了在这一月内发生的政治反抗：先是商人反对提高印花税而罢市并得到各行业支持，然后是各商店罢市，抵制新的印花税并要求释放被捕的商会会长，随之又爆发了工人要求提高工资的示威活动。因此该文的作者称这是"革命的五月"，并指出这是成都工人自我意识觉醒的表现。

20世纪20年代，劳工开始建立他们自己的组织以争取共同的利益和权利，这些组织包括"南门劳动自治会"、"印刷界劳动互助团"、"劳动界爱国十人团"等。这些组织证明成都工人开始逐渐意识到组织的重要性。

一些下层民众的组织虽然看起来"不伦不类"，但仍然展示了其政治色彩。例如，一个道士宣称他在梦中受命于唐明皇，要去拯救世界，他与其追随者还准备了"中华天正国"的旗帜。

一次，一个女扮男装的小孩被抓住，据称是被"邪教"派来收集情报以准备起事；一个住在南门的黄包车夫聚集百余名青少年组织了一个所谓的"棒棒会"，参加者每人出五元钱购匕首。

这些组织反映了在动荡的社会中，下层民众的不安和躁动，说明他们也力图以其可能的方式证明自己的存在和表达自己的声音。

成都的大众反抗呈现出各种形式，包括散发揭贴、公开讲演以及政治示威。有的则是以个人行为表现出来，但反映了其所在社会集团的愿望和要求。

过去，在成都的街上匿名揭帖很为普遍（所谓"揭帖"，有点像"文革"时期的大字报或者传单，今天网上的那些传播范围广、速度快的帖子也具有类似功能），大多是那些蒙冤的受害者贴出的。20 世纪初此方法亦为各社团所采纳，用以表达其政治声音。有人对这一现象提出批评：

> 省城近日或开一会，结一社，无论其理之曲直，事之虚实，而无名揭帖到处高张，意存冲突、破坏而后已。……每于揭帖之末，笼统署曰"某界同人"，

或曰"全体公启"，骤闻之非不骇人听闻，而实按之，竟多虚张声势。

虽然这个批评可能反映了一些社团"虚张声势"的事实，但从另一个角度体现了人们的政治觉醒。人们知道怎样利用宣传工具去扩大自己的或自己所在社会集团的政治影响，去吸引社会的注意。

人们的政治诉求推动了公开演讲的日益流行，甚至有如"四川演讲总会"、"女子教育演讲会"这样专门化的组织出现，这些演讲会动辄吸引数百人参加。

1912 年《通俗画报》上的"四川讲演总会"

消失的古城

公开演讲成为政治动员的象征，并且能够在民众中产生极大的影响。在这个过程中，精英们成功地将他们的政治思想灌输到民众的头脑之中。

毫无疑问，在民初的成都，个人行为逐渐形成集体行动，这不仅改变了街头生活，而且改变了城市的政治文化。怀有政治目的集团力图控制民众的街头活动，在这个过程中，街头文化获得一些新因素，但同时也就失去了它的一些旧成分。

虽然民众运动不再具有像保路运动那样大的规模，但是街头政治活动的扩散，反映了普通民众对新的政治体制和社会现实的强烈不满。中国知识分子和改良精英参与政治一般是为他们的理想和事业而奋斗，而下层民众加入政治斗争则通常是以自己的处境和生活条件为直接目的。

因此，下层民众卷入政治的程度将视社会、经济和政治状况为转移。民众街头政治斗争的频繁和活跃，从一个侧面反映了人们生存环境恶化的社会现实。

28

生活在恐慌年代

对于成都市民来说，民国初年最大的变化，就是他们必须在一种持续不断的混乱环境里维持其日常生活。从辛亥革命以来，成都便像中国其他许多城市一样，进入了多事之秋。

政治局势的不稳，经济状态的恶化，加剧了社会动乱。一个西方人在 20 世纪 30 年代曾指出，四川是"辛亥革命后土匪肆虐最严重的地区之一"。作为四川省的政治、经济中心，民国初年的成都并非四川最糟的地区，但人民仍然经历了深重的灾难。

善良的人们从未料到革命竟伴随着如此巨大的浩劫。革命期间清军完全失控，"街头成为士兵的天下"。端着枪和刺刀的士兵在街头耀武扬威，横行霸道。据时人描述，这些士兵的装束非常奇怪，一些头戴"英雄结"，身着五彩裤；一些长发垂耳；一些脚打绑腿，像戏台上的演员。"英雄结"是辛亥革命时期一种独特的头式，因为一些士兵在革命后拒绝剪辫，便把其辫子用一带子扎在前额。

消失的古城

1911 年 12 月 8 日，一大帮兵痞拥向临时军政府所在的皇城，要求发放拖欠的军饷。当他们强行闯入军政府时，正副都督都已仓皇逃命。乱兵接着抢劫了大清银行和其他两家银行，然后洗劫劝业场。

据传教士描述，在劝业场，"一瞬间这些士兵便把楼上楼下洗劫一空"，玻璃橱窗被砸碎，街上到处是碎片。当天下午乱兵又抢劫了成都最为繁华的地方——东大街，"傍晚，三五成群、荷枪实弹的乱兵闯入成都各大公馆勒索金钱"。

入夜，各典当行成为主要目标，城内发生十余起火灾。"枪声持续了整夜"，市民们"几乎度过了一个不眠夜"。是夜城门亦未关闭，乱兵们源源不断地把赃物运出城。

成都在这次洗劫中损失巨大，除遭抢劫外，"大量银子熔化于大火、消失在灰烬"。仅布政使银库便损失了600 万~800 万两银子。四川从此失去了稳定局势的金融后盾。

民初的成都成为兵痞的世界，街头被军阀的军队霸占和控制，军警巡逻街头。大量军队驻防成都，散兵游勇更是不计其数。他们成为这个城市的主宰，人们的日常生活受到极大的干扰。

这些士兵在公共场所无恶不作，比如他们经常在街上拉夫，特别以苦力、轿夫、黄包车夫为对象，以至于这些人成为惊弓之鸟，一有士兵在街头呼车，他们便跑得无影无踪。

为避免军队的乱拉夫，商会提出每个轿行出四人作为劳工，以换取停止街头拉夫。那些兵棍不仅以下层人民为拉夫对象，甚至街正、教师等有头脸的人物也会成为他们的牺牲品。

军人欺压市民的报道充斥地方报纸。例如一个士兵在一个饭馆吃完饭，不仅不付饭钱还殴打店主，砸坏碗盏。一位市民端了碗油漆从北门进城，守城门的兵士指控他走私鸦片，当那人力图辩解时，士兵大发脾气，用碗把那人砸得头破血流。一个裁缝路过皇城驻军大门，出于好奇往里看了几眼，门卫便称其为密探将他五花大绑。一次近二十个士兵欺压一个绸店老板，愤怒的街民向他们讲理，士兵用刺刀将人们轰走，街面各店也因之关门，附近警察因慑于军人的淫威对人们的求救不予理睬。

他们还经常占据庙宇作为军营，一位在20世纪20年代访问成都的日本人便看到，青羊宫的大殿里睡着士兵，他们在祭坛上烧饭，在廊柱上晒衣。

由于军人享有"特权"，许多人，特别是那些地痞们经常装成士兵以虚张声势，甚至小孩、军官所雇之人也以着军装为荣，因而在成都，一时领章帽徽成为紧俏商品。

由于此风愈演愈烈，军队不得不出令禁止，警察亦令裁缝不得制作军装。

社会动乱的确削弱了警察的权力，而警察权力的削弱又使街头社会秩序进一步恶化。在民国初年，警察、宪兵、民团、军队都有控制社会治安之权，可说是政出多头，然而警察正如时人所称已"形同木偶"，从而给予地痞流氓在街头极大的活动空间。

警察权力经常遭到其他力量，特别是地方土匪和兵痞的挑战，警察本身也成为袭击、抢劫甚至杀害的对象。如当一群兵痞在街上把一个值勤警察殴打致死时，还张狂地叫嚣："送你去西天站岗。"

更具讽刺意味的是，警察自己的社团"警界会"，一次也被地方豪强捣毁。这一时期，警察因尽力避免与有势力的集团发生冲突而失职，市民对此十分不满。

然而，似乎外国人对这些耀武扬威的无赖之徒有一定威慑力。这是一个绝妙的例子：一个士兵强行进入二仙庵的女宾休息室，并殴打前来阻止他的警察，"一名外国人手执马鞭上前，二话不说，将该军人背部抽打数鞭，那人只好悻悻而去"。

然而，不能胜任维持治安责任的警察却经常滥用职权，反而成为扰乱市民日常生活的一个消极因素。例如有些警察以搜查鸦片为名闯入百姓人家，侵吞私产，由此造成一些地痞假装警察作案。有些沾染鸦片的警察则在值勤之时入烟馆过瘾。

即使有警察试图恪守自己的职责，但当他们面对蛮横的士兵时，武力冲突便不可避免。例如，一次当八十余女子中学的学生从女子入口进入花会时，两个士兵故意插入队伍逆向而行，值勤警察要求他们出来，从男子入口进入，随后又有士兵故技重演，从而引起争执。其间有军人突然吹哨大喊"紧急集合"，顷刻数十名军人围住一个警察大打出手，有的甚至抓起临近摊子的板凳向警察猛砸。一旁的警察赶紧求情："各位先生，实在要走女宾路，请走就是。"

他们将那挨打的警察扶起，"令其向众军作揖赔礼"。但军人并未因此息怒，"又将三警围打，且把战刀、指挥刀口鞘等类夺去，又撕毁制服。有喊就刀杀者，有喊不杀他打死了事者。该三警之惨状，故不待言。而秩序亦大乱。观者以千万计，交通为之塞断"。

此事激起极大民愤，军事当局也不得不出告示安抚，明令军人不得扰乱公共治安，违者军法从事。军队还许诺派宪兵巡逻以杜绝军人制造事端。由于当时缺乏强有力的稳定社会的力量，社会状况和日常生活环境日益恶化。

社会动乱导致了土匪的猖獗，这对成都市民来说是灾难性的。辛亥革命之后，土匪数量剧增，抢劫事件层出不

消失的古城

穷，并从城郊蔓延到城内。一次，百余穿着军装、扛着大枪的土匪大张旗鼓地开进北门外各街，居民以为是地方军，在这一区域他们抢劫达四个小时，并焚烧房屋。

这一时期，成都近郊成为一个危险区域，土匪甚至经常冲进茶馆抢劫和枪击茶客。许多乡绅为逃避匪灾而移居成都，以为如此便可以求得安全的避风港。但他们发现，成都也不再是一个可以高枕无忧的地方。

抢劫事件急剧增加，成都居民无不感到不安。地方政府为了稳定社会秩序，经常采用公开行刑的方式来威慑土匪（当然这也不失为独裁者压制不同政见者的手段）。

在传统社会，执行死刑犹如公开的死亡仪式，被国家权力用来震骇民众。这类仪式总是在闹市举行，以取得"杀一儆百"的功效。在民初的成都，公开行刑成了家常便饭。像古代一样，在执行之前，犯人们会先游街示众。

在这个时期，人们经常可以看到类似场面：在队伍之前，几个号兵吹着悲凉的号角，其后是一排持枪的士兵（在 20 世纪 20 年代，枪毙逐渐取代了砍头）。囚车上，死囚被捆绑或夹在囚笼中，上身裸露，有的嘴里不断叫着"我冤枉啊！"有的则借机展示"英雄气概"，发表演说或高呼诸如"二十年后又是一条汉子"之类的豪言壮语。

紧跟着囚车的是荷枪实弹的官兵。游街总是吸引了无数的围观者，给了那些对土匪恨之入骨的人们一时的兴奋

被定伪造货币罪的人游街示众，木牌上写着"伪造者斩"，
《通俗画报》，1912 年

和暂时的满足，但在一定程度上也给这个城市的社会生活蒙上了恐怖的阴影。

通常行刑游街要穿过东大街，然后出东门，过紫东街、年丰巷到莲花池，途中经过的一座桥也因之被称为"落魂桥"。刑场设在莲花池与地藏庵之间，那里甚至演变为市民寻求刺激的聚会场所，一些人甚至早早地等在现场以便一睹为快，小贩也趁机在那里兜售商品和食物。

一篇报道描述说，一个死囚在行刑时拒绝走出囚笼，刽子手竭力把他拖出，不想那囚犯竟一口咬伤了刽子手的手，刽子手气愤至极，手起刀落将那囚徒砍死。

消失的古城

有些死囚的尸体在运回原籍埋葬之前，存放在地藏庵，那些无人收尸者则由当地保甲雇乞丐就地埋葬。由于这些尸体仅以破席一裹浅埋了事，故经常被野狗撕得七零八落。

在民初，死刑经常在地处闹市的警察局门口，甚至在商业中心春熙路和少城公园执行，社会改良者对此颇有批评，指出此举有碍卫生，且涉鼓励残暴行为等弊端，呼吁将刑场移到城外。1927年，军事当局准备在中山公园前处决一个犯人，市政府亦要求移往城外。

枭首示众也被军事当局用作威慑的工具，这个方法经常被用于处置那些罪大恶极的死囚。如1916年在匪首巫人杰被处决后，其首级被装在木笼中在东城门悬挂了三天，然后陆续移往西门、北门和南门示众。

当然这种方法也用于打击政治敌人。如1917年川军和滇军在成都巷战时，滇军将四个俘虏的首级挂于皇城。虽然枭首在1928年被当局明令禁止，但此后这种古代的"死亡仪式"仍然存在了相当长一段时期。

社会动乱加剧了人们的危机感，而人们的这种惶恐不安正是谣言广为散布之温床。在辛亥革命之前，公共场所便成为谣言散布之地。其实有许多谣言也是空穴来风，常常是与当前人们所关注的问题联系在一起，而人们所关注的问题也不时转移。

正如一个传教士所看到的："关于英国人占领西藏的谣言在茶馆里已不再引起轰动，人们的注意力都集中于几个星期以来剪辫子的传言。"

有人器官被割的谣言又甚嚣尘上，五人被捕，他们招认捏造这些故事不过是哗众取宠。警察为其戴上枷锁游街以示惩戒，还将他们的供词贴出，警告对谣言制造和散布者将严惩不贷。

一位年轻人在茶馆与一个陌生人议论道听途说的新闻，哪知那人是个密探，年轻人因此而被警察逮捕。在辛亥革命之后，社会承受力更为脆弱，谣言加剧民众的不安，政府则以严惩为手段进行打击，所谓"造谣惑众者"可能被判处死刑。

有一时期成都盛传街头石板地上的黑线是大灾难的预兆，警察逮捕了两个正用铅笔在石板上画线的人，显然两人不过是恶作剧。警察的确被各种谣传所困扰，那时由于土匪猖獗，诸如大量土匪混入城内的谣言甚多，每当此类传言盛行，警察便派密探到各茶房酒肆观察动向。

谣言往往盛行在旧秩序被破坏，而新秩序尚未确立之时。当时便有人力图分析谣言的根源，其结论是"上等社会"和"下等社会"对此都有责任，但问题主要在上等社会：

消失的古城

彭镇观音阁老茶馆。作者摄，2014年。

　　夫谣之造也，其意必有所图。为名位而造谣者，必上等人物；为财帛而造谣者，必无赖游民。然无赖游民之造谣也，有以上等人物之谣言为动力，其目的虽不同，而其贪得之心则一也。吾甚望为政要者，幸勿信口雌黄，致乱安宁之秩序，任情诬蔑，不计利害之何如。

　　一家地方报也评论道：在晚清，人们听信谣言是因为人心惶惶，然民初这种不安全感反而加剧，人们时刻感觉大祸临头，如"惊弓之鸟"，从而谣言盛行，因此政治的

・354・

不稳定为政治谣言的出现提供了环境。

具有讽刺意味的是，在《国民公报》刊登一篇讨论"息谣之法"文章的第二天，该报便有一篇关于谣传盐价上涨，人们蜂拥购盐囤积的报道。

然而，有时所谓"谣言"也未必就是谣言。1916 年关于军人买米不付钱的"谣言"在南门一带流传，导致各米店关门。尽管警察宣称这是谣言而竭力追查，但是如果我们观察那些兵痞在成都的所作所为，可以看到他们在茶坊酒肆和店铺估吃估拿已经司空见惯，这些很难说都是"谣言"。

此外，地方政府经常以所谓"妖言惑众"，来惩办敢于批评军阀和政府的人士，因而任何政治话题，甚至是"街谈巷议"都可被诬为"谣言"，而被禁止和受到打击。

在民初，成都街头的"地皮风"经常造成极大的混乱。所谓"地皮风"，即"虚惊"，经常由一件小事引起大恐慌。每当"地皮风"刮起，人们便在街头各自奔命，市场是一片狼藉。例如有人在青羊宫附近举行葬礼，当按传统习俗放鞭炮时，整个地区的人们都以为发生了枪战而惊恐万分。

一天傍晚，一阵"地皮风"在许府街、顺城街一带刮起，各货摊和商店立即收摊关门，人们夺路奔逃，轿子价格疯涨，甚至警察也从街头消失。后来人们才搞清其起

消失的古城

因不过是两个卖稻草的农民发生争执，一个看热闹的醉汉被绊倒，他爬起后便一阵疯跑还一边狂叫："打起来了！打起来了！"不知底细的人们也因此受惊。

同一天，一个士兵的枪走火而导致皇城坝、提督街、东御街、西御街等大片地区的人们虚惊一场。上述事件都发生在 1916～1917 年成都最混乱的时期，这说明不安全感和恐惧感已经成为人们日常生活的一部分。

在那个动乱的年代，街头发生的任何小事都有可能引起人们不祥的联想。例如《国民公报》曾以"恐怖新闻——小孩的舌头被割"为题，报道了人们在东府街发现一个光着上身、嘴中流血的小孩。当问及发生何事时，发现他只有半截舌头而不能说话，人们料定他舌头被割，警察立即把他送到医院并着手调查。

但第二天该报报道，那小孩的舌头仍在，因头天人们见他满口是血且不能说话，故误判。其实他是一个鞋匠的儿子，患有一种疾病，当他"发狂"时经常咬破自己的舌头。从其症状看，很可能是癫痫，即成都人常说的"扯羊儿疯"。

另一个故事也反映出人们心里普遍的不安和恐怖感：一名警官在街上看到一个人扛着一口揭开的、装着一个小女孩的棺材，警官立即怀疑这男子打算活埋这女孩并开始跟踪。在上升街的拐角处，警察发现那人快速行走，并听到孩子从棺材里发出的要妈妈的哭声，于是警察将他逮捕。

那人解释道：他送一具棺材进城时，一位老朋友叫他把生病的女儿送到平安桥医院，他只好将女孩放在了棺材里以便于行路。警察立即找到女孩的父母，后者证实了他的说法。

虽然从表面上看，这些误会是出于人们过于敏感，但实际上它们反映了社会动乱给人们造成的心理恐慌。除了说明那个时代人们过分忧虑之外，这些故事也展现了一些文化和信仰的因素，满口鲜血而不能言语的小孩，装"死人"的棺材经过拥挤的街道，不可避免会引起人们的注意。

城市里各个角落的居民都担心城里会发生任何非常之事，甚至一件小事也可能引发恐慌。一个简单的误会就能引起骚乱，表明成都居民在这个混乱的时期承受了沉重的心理压力。

29

市民的自卫

辛亥革命后，许多政治事件都是在街头上演的，盛大的场面成为街头文化的新景观。

后页这一幅摄于 1911 年 11 月 27 日，大汉四川军政府成立之日皇城里的群众集会的照片，背景是皇城的城门洞前。从城门洞向里望去，可以看到远处刻有康熙御笔"为国求贤"的巨大石牌坊。参加集会的人可以说是密密匝匝，人头延伸到牌坊以外。近处书有一个大"汉"字的大汉四川军政府的白旗子格外醒目，与黑压压的人群形成了强烈的对比。这张照片把渗透着古老、凝重的城门与代表着力量的民众记录在一起，使人感觉到一种震撼，从而想到鲁迅所说的"于无声处听惊雷"。

其后两幅民初的时事画生动地展示了这种街头政治：一幅是描绘四川都督尹昌衡带领军队从皇城而出的情景；另一幅是炮队通过南门开始"西征"的场景。所谓"西征"是袁世凯令四川都督尹昌衡平定西藏暴乱的一次军事行动。

两幅画都是由城墙、军队、马匹、旗帜、枪炮和围观

**1911 年 11 月 27 日大汉四川军政府成立，民众在皇城集会，
那爱德摄**

民众组成的。据这两幅画的题词称，当军队出发南征时，
有数千群众在南门送别。我们还可见到不少社会组织出现
在画面上，从人们手中的小旗可看到各“法团”、“民
团”、“报界”等的标志。

即使在如此庄严的政治气氛中，我们仍然可以见到一
个路旁的小吃摊和几位顾客。这类图画不仅有助于我们对
地方社会和政治的理解，而且提供了都市面貌和景观。

当乱兵在辛亥年洗劫成都时，一位传教士曾乐观地预

消失的古城

《尹都督西征出发图》,《通俗画报》,1912 年

测:"革命不会每年都发生,前途是光明的。"他万万没想到,无休止的动乱才刚刚揭开了序幕。除了横行霸道的兵痞和土匪外,军阀混战更是贻害无穷,给人民带来深重灾难。

1915~1916 年的护国战争,四川成为反袁的主要战场。当混战蔓延到成都市区,受惊的市民躲在家里,店铺关门。

护国战争的胜利并未给成都市民带来和平,而是种下了大难的祸根。1917 年是成都市民最悲惨的一年,在市区发生了两场巷战。先是 5 月的川滇军之战,持续一周以

《西征炮队出发图》,《通俗画报》, 1912 年

上, 上万人伤亡, 数千民房被焚毁, 财产损失在千万元以上。然后是 7 月的川黔军之战, 由于黔军在南门纵火, 导致六千余民房化为灰烬, 财产损失达数百万元。这些地区包括孟家巷、文庙前街、青莲巷、红照壁、梨花街、粪草湖、锦江桥、东御街、西御街、磨子街、光华街、纯化

街、转轮藏街、上河坝、下河坝等。

两次巷战使成都三分之二的商业区被毁,上万人成为难民。正如《国民公报》所称,此乃"数百年未有之浩劫也"。

的确,这是自明末张献忠之乱后成都第一次成为战场。据《国民公报》报道,当滇军控制了成都东北部时,凡他们能发现的与警察和川军有关的人员,都被赶到城墙边枪毙或用刺刀戳死,尸体被扔到城墙外,仅武城门外由慈善组织掩埋的尸体便有二百具以上。

当一些乞丐从死人身上剥衣服时,发现有人还一息尚存,但滇军士兵随后则残忍地用石头将其砸死,然后把尸体抛进河里。他们在交火时甚至把市民赶在前面作盾牌,导致许多无辜者死亡。

在战争中,人民忍受着持续的和难以言状的恐惧。一首竹枝词真实地描写了人民的这种处境:

> 街头巷尾断人行,
> 密密层层布哨兵。
> 予取予求谁敢侮,
> 无权抵抗是平民。

当川军力图攻陷皇城时,士兵们爬上民宅枪战;而滇军则向市民射击并浇煤油点火烧毁民房。滇军在街头到处拉夫，一次他们闯进总府街一家茶馆，在那里喝茶的商人们纷纷逃散，但仍有二三十个被抓。

当士兵冲进劝业场拉夫时，无处可藏的人们跑进了警察分局寻求庇护，士兵紧随闯入分局，那里的四十余名警察竟从后门仓皇出逃，但仍有两个为士兵所虏。可以想象，当警察都自身难保之时，一般民众的境况是何等艰难！

在川军和黔军之战中，黔军令居民打开门户以便其躲藏，而且他们在激战时还趁机抢劫，许多市民为避祸而逃向乡村，那些无路可走的则听任宰割。在劫后的许多街巷，人们可见：

　　　宅院门前大都贴一纸条，不曰"本寓抢劫一空"，即曰"本寓连劫数次，银钱衣物一扫而空"。

当南城被焚时，人们逃往其他地区，沿途是一片惨状：人们扶老携幼，带着他们的包袱，有的甚至赶着猪和牛，有些则乘坐马车和轿子，到处是难民。这时，教堂和庙宇成为相对安全的地方，仅丁公祠便收留了三千余人，西来寺收留人数达四千余之多。

除了抢劫和财产损失外，市民还面临着运输渠道被切

消失的古城

断造成的食品短缺，当时只有老南门可运米、菜、柴入城。同时，占领军在各势力范围内的街口设障或盘查。商贩也只能在川军控制地区，即从通顺街到皇城的范围进行交易。

1917 年的巷战给成都市民留下了深深的创伤，但经历过痛苦磨难的成都人也变得更为坚强，他们在动荡年代挣扎着并寻求生存。这也促使他们更多地相互依靠，站在一起对付共同的敌人。

由于这些原因，传统的组织幸存了下来，并且仍然在地方社区和地方政治中发挥重要作用。这一时期，一般民众的公共空间急剧减少，他们的生活和生命也经常受到威胁。

为了保证自己的安全，他们努力寻找稳定社区秩序的方式。由于缺乏经济力量和社会地位，民众自己很难完成这样的任务，因此传统的社区领袖——地方精英——出来承担起了这项重任。

中国城市社区早就形成了地方自我保护的安全系统，尤其是在社会混乱的时期，这种作用便更加明显。在辛亥革命和民国初年，当地方政府无力维持治安之时，市民们自己组织自卫。

1911 年叛军洗劫成都时，市民们便坚守四个城门，堵截运赃物出城的士兵。为蒙混过关，许多士兵装成女人坐轿，有的雇妓女扮成夫妻，有的把赃物装进棺材冒充出殡。水路走南门，北门则用轿子和马运载。这时，各公口的袍哥在自卫活动中起了重要作用，他们组建民团、募捐筹款、守望相助。

传统的地方治安系统在动荡年代变得更加重要。民初的地方治安仍然主要依赖保甲制度，但这个系统明显地被削弱了。为寻求自我保护，市民们以街道为单位组织了"团防"，其经费由各户分摊。

团防还取代了过去警察的一些职责，如搜查鸦片和武器等。作为一个民间力量而参与"官方事务"，不可避免地会同警察发生冲突，地方政府也力图限制团防的权力。

当战争来临、局势恶化，地方政府一般支持团防；而一旦局势稳定则对其进行打击。例如1916年当护国战争蔓延到四川并逼近成都，当局鼓励市民组织民团以作自卫之用，但当战事一过，民团便被强行解散。

1917年，成都爆发巷战，民团发挥了更关键的作用。当警察瘫痪而土匪肆掠之时，他们只有依靠自己的组织求生存。当时一百多名街首上书，吁请当局准予组织民团，以街道为单位进行防卫。每街雇两名更夫，守卫街道两头并负责栅栏的开启，花费由街正从各户征收。若有窃贼或盗匪，更夫便敲梆子示警。民团要求各户准备一米五长、直径一寸以上、带铁头的棍棒，沿街住户每户至少两根，

**大汉四川军政府都督蒲殿俊（左）和副都督朱庆澜（右）。
那爱德摄，1911 年。**

住公馆者至少一根，而偏僻的住家则需四根，街坊还负有
为赤贫人家购置棍棒之责任。

根据民团要求，当警报一响，各户都必须派人上街拒
盗，不出力者将会受罚。民团还要求各户准备标明所属街
道的灯笼，入夜各户将灯笼挂于屋檐，以助缉盗。为防治
盗匪，有的街道将栅门关闭，街面石板被拗起作为路障。
在最危险的时期，每街都雇有十余个穷人看守，若有伤
亡，街民负责赔偿。

如果说组织民团是一种"积极"的自卫，那么送钱
和食物给那些军队则可算是"消极"的自卫。市民们会

根据情况选择性地运用两种策略。在 1917 年的巷战中，二千多名滇军驻扎在苞泉街、天福街一带，当居民听到军队可能抢劫的风声后，赶快凑钱购得食物送到军营。

居民们的确"买"到了"保护"，滇军随后公布了在这一地区禁止抢劫和强奸等五条纪律。可见，无论是"积极"或是"消极"的自卫，每当人们面临危机，他们总是以邻里和街道为基础站在一起共同对外。

整个 20 世纪 20 年代，守夜成为各街的日常事务。由于这项活动给市民们的日常生活带来了极大的负担，加之街首滥用职权，因而导致居民的不满。这个时期李劼人写有一个短篇小说《市民的自卫》，以讥讽的笔调生动地描述了这项活动：

入夜不久，街上还有行人，二更以后，便只有一排门灯，同三十来个守夜的专丁。他们都静悄悄的坐在财神庙的大门外，那里有七八个大灯笼，写着某街团防，桌上一座亮纱桌灯，写着严拿奸究。他们中间年纪在五十以上的有七八个，都是各家公馆里派出的，年纪在十六以下有十几个，都是各家铺子里的学徒。这两种人在白昼都是极辛苦的，而且早晨照例天明就要起来工作，所以到这时，无论如何是要瞌睡的。纵然为主人与师父所派，不能不离开温和的被窝，出

消失的古城

来"自卫",但是坐而假寐,是情理之所许。……

　　……

　　中间一个人忽然的愤慨起来,吐了一把口痰道:
"他妈的;守夜! 只是振我们的冤枉罢了!① 白日要
挣钱吃饭,天黑了还要出来熬夜,再熬十天半月,就
是铁打的好汉,也熬不住了。"

　　于是大家的言语便应运而生。大家都归罪于街
正,说是他兴的这件事,"明天去问他岂有此理! 把
我们弄来熬寒受冷的守夜,他龟子倒安逸的搂着小老
婆在房里睡觉! 他说的自卫,怎么他自己不出来呢!
大家都是街坊,难道我们是他的卫队么! ……"

可见,守夜也反映出阶级的区分。我们也可看到李劼
人对自卫、街正和市民间的不公平所持的批评态度。不
过,这个故事也生动地表现了街道是如何组织和行使自卫
活动的。

　　守夜的组织也显示了邻里社区仍然能对像战争、抢劫
以及其他外部威胁这样的社会危机做出反应。一方面,普
通民众需要有人来组织自卫;但另一方面,这样的活动也

---

① 原注为:振冤枉犹言设法陷害。不过我认为"整冤枉"更符合
文意。

引起了巨大的不便，这种不便甚至会恶化地方领袖和民众之间的关系。1917 年的巷战后，成都民众仍然处在土匪和军人的淫威之下，因此他们力图建立一个更有效的自卫系统。

1928 年，成都各区民团首领集会讨论社区安全，议决建立"民众武力"，虽然没有资料显示这个"民众武力"被成功地建立了，但这个议题本身则说明了，直至这时社会共同体的作用仍十分明显。

但就在这一年，成都市政府建立，社会安全和控制从而进入了一个新阶段。成都城市的历史，也进入了一个新阶段。就此，我关于清末民初的成都历史、文化和日常生活的这部作品，也该就此打住了。

30

从和尚街到崇德里：一步之遥，而长路漫漫

《消失的古城》这本书所展示的城市空间和日常生活，都已经远去，逝去的历史，永远不会再回来。在走向现代化和全球化的今天，我们城市的管理者终于发现，一个城市的历史和文化比 GDP、宏伟的广场和现代建筑更具有魅力，更能弘扬城市的精神。

在离开中国 6 年后，1997 年我又一次回到成都，为我的博士论文《街头文化》搜集资料。我父母家就在大慈寺对面，所以大慈寺后面的小街小巷成为我最常去的考察之地。过去，虽然大慈寺后面的和尚街、笔帖式街、马家巷等都很破旧，但它们和大慈寺融为了一体。

大慈寺始建于魏晋时期，历史悠久，规模宏大，高僧辈出，号称"震旦第一丛林"。天竺僧人宝掌禅师入蜀参拜普贤菩萨，在成都建大慈寺，其距今已有 1600 多年的历史。唐宋时期，大慈寺达到极盛，建筑恢弘，环境优美，特别是寺中还有大量精美的彩绘壁画。明末大慈寺毁

和尚街。王晶摄于 1997 年。

于战火，清初得以重修，但规模缩小，寺内壁画未能恢复。虽然清末陆续对其进行整修和扩建，但未能再现唐宋时期的盛况。不过，大慈寺不仅佛事兴旺，还成为游览胜地，尤其是周边各条街道形成的古城风貌，非常具有历史和文化价值，体现出成都地方文化的特点。

如此珍贵的庙宇，按照保护历史遗迹的基本规则，其周围的环境必须与之相配，高楼的修建、街道的扩展等城市建设计划，统统应该为其让路。但我们恰好是反其道而行之。现在，本来应该占据中心位置的安静幽深的禅院，却被熙熙攘攘的太古里挤在角落里，形成了非常不和谐的"共存"状态。

大慈寺。作者摄于 2017 年秋。

或许有人会说，大慈寺周边的那些房子的历史其实也不长，不具备多少文物价值。此言差矣！这些小街小巷的原始格局本身就是历史，虽然房屋经过了不断的修缮，但是主结构还是过去的，院落布局也是过去的，街区也是过去的。哪怕许多建筑是 1949 年以后，甚至是民国时期修建的，但是这些房屋的布局与街道有机地结合，仍然有着古城的韵味和无限的价值。

1997 年，我和我哥哥王晶在大慈寺后面的小街巷拍

照时，那里的居民还以为我们是拆迁办的人，他们似乎对
拆迁已经迫不及待。不可否认，那里的人们也是急于摆脱
简陋的居住环境：房子太旧，居住条件太差，缺乏配套的
卫生设备。但是，如果要保护这些区域，政府就必须拿出
钱来，这当然不如一拆了事，交给地产商去开发商业区那
么简单。

大慈寺后面的"字库"。过去敬惜文字，不能乱扔有字的纸，
要收拾好送到字库焚烧。我们可以看到字库边上搭了一个
布棚，那里是街头理发匠的地盘。王晶摄于1997年。

消失的古城

今天，这些小街小巷都已经没有了，那里屹立着辉煌繁荣的太古里。太古里在商业上的成功，从某种程度上说是以破坏大慈寺的周边环境为代价的。跨入 21 世纪以后，大慈寺后面的老街开始被拆除，包括和尚街、笔帖式街、马家巷等，都消失了，在原址上修了一大片仿古建筑。当时包含成都在内的中国各个城市仿古建筑风行，人们对其已经不再有新鲜感。某些仿古建筑建成后，备受冷落后空置在那里，一部分最后居然被推倒重做，改走现代建筑风格，这就是今天太古里的由来。

和尚街的消失只是成都这座古城消失的一个缩影。1949 年以后，我们眼睁睁地看到城墙被拆了，城楼被拆了，皇城被拆了，九眼桥被拆了，万里桥被拆了……想当年拆九眼桥的时候，包括川大历史系的教授们在内，成都的学者们都在大声呼吁保留它，但是谁听呢？

正是因为这种思路，才有了 2006 年《21 世纪经济报道》的记者和成都市规划局相关负责人之间的对话。当时《街头文化》一书的中文版刚出版，轰动一时，记者说："在王笛看来，古都成都已经成为永远的梦。"那位负责人回应道，"历史选择讲经济学分析"，并反问记者："我们为什么不可以在历史进程中再造一个'古都'呢？"从对话中，我们可以看到当时人们的思路：自信满满，认为可以"再造古都"，却不分古都真假。

2008 年，我在《南方都市报》上发表了一篇题为
"古城挽歌"的文章，写下了这样的文字：

> 从长远的制度来看，拆掉古都在经济上的损失也
> 是无法估量的。目前中国城市的发展，有一个很功利
> 的目的，即发展旅游。但我们的决策者似乎忘了，目
> 前国内外的人们到中国城市旅游，吸引他们的是历史
> 遗留的老东西。高楼大厦、仿古建筑不稀罕，到处可
> 见，为何人们要千里迢迢而来？拆除九眼桥，可能让
> 现在成都有关部门负责人的肠子都悔青了。毫不夸张
> 地说，无论从文化还是从旅游价值来看，这些年成都
> 所有仿古建筑加在一起，都难与九眼桥相提并论。真
> 是"黄钟毁弃，瓦釜长鸣"，怎一个"惜"字了得？
> 经济的突飞猛进，使人们处于大拆大建的亢奋中，当
> 满世界都是现代高楼大厦或仿古的琼楼玉宇时，人
> 们便会发现过去不起眼的穷街陋巷，会变得如此超
> 凡脱俗，深含传统历史文化的韵味。但是消失的就
> 永远消失了，不再复返。我怀疑我们的决策者是否
> 真的懂这个道理。大规模的拆迁和重建，给地方政
> 府和开发商带来了滚滚财源，因此他们齐心协力摧
> 毁古城。保护老东西需要投资，而且它像投资教育
> 一样长期付出努力才能见效，不会立即为任期政绩

添砖加瓦。因此，从相当程度上讲，中国古城成了政绩工程的牺牲品。

我们把真古董销毁了，又去造假古董。2001 年，仿古九眼桥宣告建成，虽然仍为九个桥孔，由仿古青石块砌成，保留明代建筑风格，外观和工艺上差别不大，但关键问题是，这已经不是我们成都过去的那座古九眼桥了。毁掉的东西永远不可能复原，我们纵然有金山银山，也是无济于事的。

笔帖式街。这是卖笔卖字帖的商铺聚集的地方，到 20 世纪末，这里还有不少装裱字画的铺子。王晶摄于 1997 年。

　　中国古建筑遭最严重破坏并不是在战争时期，也不是在"文革"时期，而恰恰是在 20 世纪 90 年代以来的大拆大建时期。这二三十年来，成都和中国其他大多数城市一样，始终处于大拆大建的浪潮中，一片片历史区域和一条条老街消失了。除了拆掉了那些人人皆知的地标性建筑外，千千万万座老宅院，更是无声无息地从我们的视线里消失了。

　　我小时候住在成都布后街 2 号，原来就是一座十分精致的大宅院，1949 年以后它是四川省文联的所在地。大院门口左右有石狮，黑漆大门，肃穆森严。壁上有浮雕，门外高墙下部嵌有拴马石。正院三进，左右两侧还有独院。院中有假山、荷池、亭台、水榭等，回廊小径，曲折相通。我和哥哥住的一间旧屋，出去就是一个大圆拱门，这个大圆拱门还不时回到我的梦境中。但是，整个大宅现在已经在现实中找不到一丝痕迹了。

　　也可能有人会为大拆辩解，说那个时候人们普遍有认知的局限，要不就是说那是为了改善城市居住条件做出必要的牺牲……对此，我并不认可。这类似于对环境污染的辩解，我们听得够多了。对此固然可以找出无数的理由，但问题在于，我们是发展中国家，欧美和日本已经有了经验和教训，专家学者也不断地提出告诫，其焦急之心，不亚于 20 世纪 50 年代梁思成对北京城墙的保护之情。但是这些建议并没有被认真倾听。

消失的古城

当然，这不仅仅是成都的问题，北京的城墙和大部分城楼，也不复存在。不过人们或许会问，为什么欧洲和日本的城市的老格局得以保留下来？我认为，最根本的原因，是拆迁和建造工作由政府主导。虽然效率确实高，但是在古城保护上，恰恰最忌讳这样。因为无论拆还是建，都需要反复考察和论证。一个城市改造基础设施是无可厚非的，但是如何在城市发展，满足现代化和人民生活要求的同时，最大限度地保护城市原有的历史和文化，则是考验执政者智慧的一件大事。

当我们弃旧物如敝屦的时候，大洋彼岸的美国人居然不惜付出高昂代价，把一座徽州古宅拆散带到美国组装。"荫余堂"是一座历史超过 200 年的徽州古建筑，位于安徽省黄山市休宁县黄村的大宅院，它拥有卧室、中堂、贮藏室、鱼池、马头墙和"四水归堂"式的天井院落，具有典型徽州民居的建筑特色。这座宅子里曾经居住过黄姓八代人，1978 年之后，就没有人再住了，到 20 世纪 90 年代，等待它的命运不是倒塌，就是被拆毁。

如果不是被美国历史学家白铃安（Nancy Berliner）发现，这座现在举世闻名的古建筑，肯定就永远消失了。1997 年，这个大宅院被小心地拆解，一砖一瓦、一石一木，都被清理干净，并编号和记录，分门别类，装箱运往美国。拆卸工程持续了四个多月，木构件和砖瓦石料，甚至鱼池、院墙和门口的石板路，还有家具和暖瓶、脸盆、算盘、烛台等用具，前后三批，分装在40个集装箱里，海运至美国。

在此后长达五年的时间里，美国马萨诸塞州塞冷镇碧波地博物馆（Peabody Essex Museum）从安徽聘请能工巧匠，对荫余堂进行全面恢复，修旧如旧，真可以说是凤凰涅槃。重建的荫余堂，一切物件也一如往昔，尽可能地保留了它在中国时最后遗留的所有细节，每一面墙上的贴纸、每一个竹篮、壁画、窗格、相框、照片、标语、毛主席像和报纸，还有雕花大床、暖瓶、煤油灯、祖先的画像、石磨和石板路，以及天井水池中的鱼儿，均保留原样，犹如时光在那一刻停滞了。

荫余堂。照片来自美国碧波地博物馆网站。

消失的古城

2003 年 6 月荫余堂对外开放，我从美国哥伦比亚广播公司电视网看到这则新闻，真是感慨万分。宝贝，只有在识货和珍惜的人那里才是宝贝，否则就是碍眼的破烂儿。在中国，成千上万的这类老宅被拆毁了，荫余堂却是由一个美国人拯救了。

几年前发生的改造西班牙大厦的事件，再次让我们领教了什么叫保护历史和文化。2014 年，万达集团董事长王健林购买了马德里市中心的地标性建筑西班牙大厦，购买金额为 2.65 亿欧元。按照王健林的规划，这座大厦将被改建为一家拥有 200 间客房的豪华酒店、高级商场和 300 间住宅公寓的综合性产业。但是这个计划却遭到了来自马德里政府和市民的强烈反对，他们认为，这座大厦是"西班牙人的共同记忆"。从而使王健林的计划搁浅，最终他决定卖掉这座马德里地标建筑。

然而，除了拆掉重建，老城的改造难道就无路可走了吗？2018 年 10 月底，我到成都参加在白夜酒吧举行的《袍哥》一书的首发活动，著名艺术家、现在醉心于古城改造的王亥先生，通过白夜老板、著名诗人翟永明联系上我，邀请我去参观他主持改造的崇德里。

我孤陋寡闻，居然还不知道这样一个所在。在改造前崇德里早已残破不堪，保留下来的也只有一条 60 多米长的老街，最好的建筑已经被拆，只剩下三个院子。王亥认为，过去把城市破败的房子全部拆掉，修崭新房子的通行做法，把城市"变成一个没有个性、没有历史感的城市"。

在改造过程中，他和他的团队尽可能地保留原建筑的一砖一瓦。例如他们将柱子腐烂坏损的部分去掉，嵌进新木头，以恢复其功能。这样做虽然有修补的痕迹，却带来独特的美感，"时间和历史成为这里最好的装饰"。崇德里可以说是一个小小的范本，至少告诉我们，对于老城中的老街、老房、老建筑，并不是除了推倒重来，就无路可走了。

今日崇德里。由一筑一事拍摄。

消失的古城

　　不得不承认，过去的老房子，住起来非常不舒服，密闭性不好，缺少卫生设备，要成功地改造成适合居住的房子，就必须考虑内部的舒适度。崇德里的改造便是一个非常好的实验。房屋原来的外观和部分结构被保留和加固，但是内部的设备却非常现代化。

　　从和尚街到崇德里的距离很近，但是从和尚街的彻底消失，到崇德里的及时保护，则走过了曲折而漫长的里程。崇德里让我十分震撼，我终于看到了我一贯主张的那种古城保护。尽管书和文字写了不少，但自己终归是纸上谈兵，崇德里则是最好的实践。王亥的思路，可以说和我不谋而合。

　　令人欣慰的是，这种理念现在也得到了官方的支持，基于这个理念开展的规模更大的耿家巷的项目已经开始。王亥带我到离大慈寺不远的耿家巷片区，现在那里虽然看起来又旧又烂，但是如果仔细观察，过去的老公馆，现在的大杂院，那些古老的房梁，精致的雕花窗，厚重的门廊……饱含着历史沧桑。

　　看到崇德里今天的面貌，我只能叹息大慈寺后面的片区改造得太早了，如果那些老建筑能保留到今天，政府会有不同的理念，不同的方法和路径，可以让真正的古城一角相对完整地保留下来，以展示过去成都的建筑、街区、小巷、铺面、公馆……即我的《街头文化》一书中描述

耿家巷的老街杂酱面。作者和王亥坐在街沿边吃了午餐，
别看店面简陋，但是味道真是非常地道。王亥说改造后
一定要把这家面馆请回来。

的那种景象和格局。过去我们感觉旧的东西碍眼，是因为
新的东西少；现在新的东西太多，古老的东西已经远去，
我们开始怀念旧的东西。但是当我们醒悟的时候，已经为
时太晚。我想，如果当时的人有像今天的对旧房子和旧街
区的态度，我们成都的那些古迹，都不会被拆掉了。

虽然对于成都来说，说这些已经有点晚，但是，现在
行动起来，总比什么都不做好。恰逢这本《消失的古城》
快要出版之际，我高兴地看到，崇德里和耿家巷这样的改
造计划正在成为主流，这个思路的转变是根本性的，毕竟
这是世界古城历史文化保护的普世之路。

后　记

　　这组关于成都历史、文化和日常生活的文章，于2016年夏天开始写作，并陆续在"腾讯·大家"上发表，一晃就快两年了，加起来有31篇，在"大家"编辑赵琼女士的催促下，将它们合编成这本书。其中有一篇我考虑内容和主题不是很相符，没有收入。

　　给"腾讯·大家"写专栏，算是一个把自己的学术研究通俗化的尝试，这些内容多作为学术专著或者文章公开发表过。我的历史写作算是学院派，是学术研究，给所谓"象牙塔"中人看的，很少真正面对社会。只是多年前我的《茶馆》一书出版后，在成都宽窄巷子的见山书局做过一次讲座，是首次与学术界以外的读者进行交流。但是在"大家"上发表的这些文章，读者比我的学术著作和文章的多得多，动辄上万，甚至有的达到十万以上，这种结果是我没有预见到的。

这些文章所描述的成都，引起了读者的感叹和共鸣。作为古城的成都已经在我们眼前消失，这是一百多年现代化和城市革命的结果，这是令人悲伤的现实，只好通过撰写历史来找回这个城市的记忆。从本书我们可以看到，传统成都有着独特的空间布局、自治的社会，由市民自己组织日常生活。但是从晚清以来的城市改革，改变了城市管理，也影响了人们的日常生活。公共空间的重组，使人们自由使用公共空间的传统受到限制。

本书提供了人们日常生活的细节，讲述了城市从传统生活到进入现代的故事。我们看到现代化的影响，日常生活方式的演变，人与人之间关系的改变，公共空间演化成政治空间。在这本书中，我们还看到穷人的挣扎，三教九流——乞丐、妓女、苦力、小贩、工匠、挑水夫、算命先生、跑江湖者、剃头匠等——在城市中的谋生技巧。城市中的各种活动，诸如庙会、节日庆典、街头政治、改良与革命等，在这本书中都有细节描写。

我希望以通俗的语言、生动的历史叙事，对我们理解一个中国内陆城市、城市文化和城市历史，提供一本具有可读性，但又引人思考的大众历史读物。过去我们写历史，忽略了底层民众，即使他们占了人口的绝大多数。因此他们是"失语"的民众。本书就是从底层民众的角度，去看改良和革命对城市日常生活的影响。

消失的古城

　　历史问题应该与当代问题结合起来思考，目前人们十分关注怎样保存一个城市的特质。现代的城市面貌和设施，已经提不起人们的兴趣；历史和文化，才是一个城市的灵魂。怎样使这个灵魂在现代化、商业化、科技化大潮的冲击下幸存，是城市管理者、学者和居民都应该思考的问题。在我们所熟悉的作为空间和文化的成都已经消失之时，本书可以说是在试图重构成都过去的空间和日常生活，通过寻找历史和日常生活的记忆，进行历史批判与反思。

　　我要感谢老朋友李伯重教授，没有他的牵线，我不会成为"腾讯·大家"的签约作者，也就不会有这样一本面向大众的关于成都的书。感谢赵琼的邀请，没有她对我研究的浓厚兴趣，以及对我学术研究成果转化为大众历史读物的设想，这本书也不可能存在。她还帮助联系取得了本书收入的一些重要图片的文件及其版权。我要感谢以下单位和个人允许本书使用他们收藏或拥有的图片：英国剑桥大学李约瑟研究所（Needham Research Institute），美国杜克大学 D. M. 鲁宾斯坦珍稀图书和手稿图书馆（David M. Rubenstein Rare Book & Manuscript Library，Duke University），盖提研究中心（Getty Research Institute），那爱德（Luther Knight）照片的版权代理人王玉龙，魏斯（Hedwig Weiss）照片的版权代理公司 bpk-

Bildagentur。感谢社会科学文献出版社甲骨文工作室对这本书出版的支持，特别感谢责任编辑张骋为本书出版所做的认真负责的工作。

这次把这些文章结集，由社会科学文献出版社出版，除了对文字进行了梳理，特别是配图做了比较大的更动，将质量不高、来源不确定的图像都删去外，还补充了一些高质量、有明确出处的、与本书内容有更直接关系的图像。最后需要说明的是，由于本书是面向大众的读物，所以征引的资料都没有作注。在书末，附有一个主要征引文献目录，供读者参考。

王　笛

2018 年 4 月 16 日于澳门大学

图片来源

除单独注明来源的图片，本书彩色中插图均为 Fritz Weiss 拍摄，授权人为 bpk-bildagentur。正文插图中，那爱德（Luther Knight）所摄照片授权人为海波、王玉龙；甘博（Sidney D. Gamble）照片授权人为 David M. Rubenstein Rare Book & Manuscript Library, Duke University。图片文件均由作者王笛提供。

参考文献

巴金：《家》，北京，人民文学出版社，1932 年初版。

陈浩东、张思勇主编：《成都民间文学集成》，成都，四川人民出版社，1991 年。

陈宽：《辛亥花市竹枝词》，载林孔翼（编）《成都竹枝词》，1911 年，第 150～151 页。

陈茂昭：《成都的茶馆》，载《成都文史资料选辑》第 4 辑，1983 年，第 178～193 页。

陈三：《纱帽冠盖何处寻》，《龙门阵》1988 年第 4 期，总第 46 期，第 95～98 页。

陈三：《旧蓉城艺人忆片》，《龙门阵》1989 年第 5 期，总第 53 期，第 59～61 页。

陈祖湘、姜梦弼：《成都劝业场的变迁》，载《成都文史资料选辑》第 3 辑，1982 年，第 144～59 页。

成基、何淳：《神摸，苦骗，理骗》，《龙门阵》1982

消失的古城

年第 2 期，总第 8 期，第 119～22 页。

《成都风物》第 1 卷，成都，四川人民出版社，1981 年。

《成都日报》，成都，1904～1911 年。

《成都市市政公报》，1930～1932 年。

《成都市市政年鉴》，1927 年。

《成都文史资料选辑》，1960 年代～90 年代，成都。

成都市地方志编撰委员会（编）：《成都通讯志》，1984～1988 年。

《重修成都县志》，载《中国地方志民俗资料汇编》西南卷，北京，书目文献出版社，1988 年。

崔显昌：《旧蓉城的市声》，《龙门阵》1982 年第 4 期，总第 10 期，第 86～92 页。

崔显昌：《旧成都茶馆素描》，《龙门阵》1982 年第 6 期，总第 12 期，第 92～102 页。

戴文鼎：《城隍庙杂记》，载成都市群众艺术馆（编）：《成都掌故》第 2 集，成都，四川大学出版社，第 380～387 页，1998 年。

戴执礼（编）：《四川保路运动史料》，北京，科学出版社，1959 年。

迪凡：《成都之洋琴》，《四川文献》1966 年第 5 期，总第 45 期，第 22～23 页。

定晋岩樵叟：《成都竹枝词》，载林孔翼（编）《成都竹枝词》，四川人民出版社，第 59～69 页。

方崇实、石友山：《"墨状元"智折周孝怀》，《龙门阵》1989 年第 1 期，总第 49 期，第 15～19 页。

方旭：《花会竹枝词十二首》，载林孔翼（编）《成都竹枝词》，第 144～145 页。

费著：《岁华纪丽谱》，载《墨海金壶》第 3 函，台北，台湾艺文印书馆。

冯家吉：《锦城竹枝词百咏》，载林孔翼（编）《成都竹枝词》，第 85～95 页。

冯誉骧：《药王庙竹枝词》，载林孔翼（编）《成都竹枝词》，第 142～143 页。

傅崇矩：《成都通览》，8 卷，成都通俗报社印，1909～1910 年；成都，巴蜀书社，1987 年重印，为上下两册。本书所用插图取自 1909～1910 年版，文字引自 1987 年版。

《国民公报》，1912～1949 年。

何满子：《五杂侃》，成都，成都出版社，1994 年。

胡天：《成都导游》，成都，蜀文印书局，1938 年。

《华阳县志》，1816 年，44 卷；1934 年，36 卷，成都。台湾学生书局重印。

荐青：《五月的成都》，《时事周报》1932 年第 7 期，第 2～3 页。

消失的古城

姜蕴刚:《清末成都之社会建设》,《旅行杂志》1943年第 10 期,第 10 页。

李伯雄《洋房子走路——汽车初到成都的故事》,《龙门阵》1988 年第 6 期,总第 48 期,第 29~31 页。

李劼人:《市民的自卫》,载李劼人《好人家》,上海,中华书局,1947 年,第 124~135 页。

李劼人:《暴风雨前》,上海,中华书局,1936 年;《李劼人选集》第 1 卷,成都,四川人民出版社,1980年,第 275~662 页。

李劼人:《大波》,上海,中华书局,1937 年;《李劼人选集》第 2 卷,成都,四川人民出版社,1980 年,第 3~1631 页。

李乔:《敬惜字纸的习俗》,《龙门阵》1990 年第 1期,总第 55 期,第 128~130 页。

林孔翼(编):《成都竹枝词》,成都,四川人民出版社,1986 年。

林文洵:《成都人》,杭州,浙江人民出版社,1995年。

刘可继:《"九里三分"的饭摊子》,《龙门阵》1996年第 4 期,总第 94 期,第 98~101 页。

刘师亮:《成都青羊宫花会竹枝词》,载林孔翼(编)《成都竹枝词》,第 96~99 页。

刘沅:《蜀中新年竹枝词》,载林孔翼(编)《成都竹枝词》,1790年,第125~130页。

陆兆钺:《陕西会馆的蝎子》,《龙门阵》1988年第3期,总第45期,第83页。

罗尚:《茶馆风情》,《四川文献》1965年第10期,总第38期,第21~23页。

罗子齐、蒋守文:《评书艺人钟晓凡趣闻》,《龙门阵》1994年第4期,总第82期,第58~61页。

马尼爱:《马尼爱游成都记》,《渝报》1898年第9期。

闵昌全:《辛亥竹枝词》,载林孔翼(编)《成都竹枝词》,1911年,第156页。

彭懋琪:《锦城竹枝词》,载林孔翼(编)《成都竹枝词》,第31页。

彭其年:《辛亥革命后川剧在成都的新发展》,载《四川文史资料选辑》第8辑,四川人民出版社,1963年,第159~172页。

钱廉成:《廛间之艺》,成都,四川人民出版社,1985年。

前人:《续青羊宫花市竹枝词》,载林孔翼(编):《成都竹枝词》,第99~107页。

乔曾希、李参化、白兆渝:《成都市政沿革概述》,

消失的古城

载《成都文史资料选辑》，第 5 辑，1983 年，第 1～22
页。

《启蒙通俗报》，1902 年，成都。

秦楠：《蜀辛》，载隗瀛涛、赵清（主编）《四川辛亥
革命史料》上册，第 365～375、533～568 页。

庆余：《成都月市竹枝词》，载林孔翼（编）《成都竹
枝词》，第 181～184 页。

沙汀：《在其香居茶馆里》，载《沙汀选集》，成都，
四川人民出版社，1982 年，第 140～156 页。

沙汀：《祖父的故事》，上海，上海文艺出版社，
1963 年。

《省垣警区章程》，《四川警务章程》卷 2。原件无日
期，但根据内容判断是晚清制定的。原件藏美国斯坦福大
学胡佛东亚图书馆。

施居父：《四川人口数字研究之新资料》，成都，民
间意识社，1936 年。

石体元：《忆成都保路运动》，载《辛亥革命回忆录》
第 3 册，北京，文史资料出版社，第 42～67 页，1962
年。

舒新城：《蜀游心影》，上海，中华书局，1934 年。

《四川保路同志会报告》，成都，1911 年。

《四川成都第一次商业劝工会调查表》，成都，1906 年。

《四川官报》，成都，1904～1911年。

《四川教育官报》，成都，1907～1911年。

四川省文史馆（编）：《成都城坊古迹考》，成都，四川人民出版社，1987年。

《四川省政府社会处档案》，民国时期，四川省档案馆，全宗186，案卷1431。

《四川通省警察章程》，1903年。中国第一历史档案馆，巡警部档案，1501号，第179卷。

《四川文献》，台北，1960年代～1970年代。

《四川文史资料选辑》，成都，1960年代～1990年代。

《四川学报》，成都，1905～1907年。

《四川咨议局第一次议事录》，载隗瀛涛、赵清（主编）《四川辛亥革命史料》上册，1910年，第2～151页。

孙彬、张友霖、李万春、刘石父、熊小雄、潘培德、谢可新：《老成都》，长卷历史画，2000年。

谭韶华：《三庆会》，《龙门阵》1984年第4期，总22期，第118～121页。

《通俗画报》，成都，1909，1912年。

《通俗日报》，1909～1911年。

王笛：《跨出封闭的世界：长江上游区域社会研究，1644～1911》，北京，中华书局，1993年。

消失的古城

王笛：《晚清警政与社会改造》，载《辛亥革命与近代中国》上册，北京，中华书局，1994年，第193～209页。

王庆源：《成都平原乡村茶馆》，《风土什志》1944年第1期，总第4期，第29～38页。

王天寿：《旧成都刑场见闻》，《龙门阵》1991年第2期，总第62期，第50～53页。

汪青玉（编）：《四川风俗传说选》，成都，四川民族出版社，1992年。

王再咸：《成都竹枝词》，载林孔翼（编）《成都竹枝词》，第133～34页。

王志行：《资中木偶戏今昔》，载《四川文史资料选辑》第36辑，1987年，第66～75页。

隗瀛涛：《四川保路运动史》，成都，四川人民出版社，1981年。

隗瀛涛（主编）：《四川近代史稿》，成都，四川人民出版社，1990年。

隗瀛涛、赵清（主编）：《四川辛亥革命史料》上下册，成都，四川人民出版社，1981年。

文枢、吴剑洲、崔显昌：《旧成都的人市》，《龙门阵》1984年第2期，总第20期，第15～27页。

文闻子（编）：《四川风物志》，成都，四川人民出版社，1990年。

吴好山：《笨拙俚言》，载林孔翼（编）《成都竹枝词》，1855年，第69～77页。

吴剑洲、吴绍伯：《〈这儿也有个奇迹王朝〉补遗——补记旧蓉城的乞丐故事》，《龙门阵》1989年第6期，总第54期，第26～31页。

吴晓飞：《卖水人与机器水》，《龙门阵》1994年第3期，总第81期，第9～14页。

吴虞：《吴虞日记》上下册，成都，四川人民出版社，1984年。

晓晗：《成都商业场的兴衰》，《龙门阵》1986年第6期，总第36期，第36～48页。

锡良：《申明警政白话告示》，成都，1905年。

锡良：《锡良遗稿》第1册，北京，中华书局，1959年。

邢锦生：《锦城竹枝词钞》，载林孔翼（编）《成都竹枝词》，第164～166页。

秀清、侯少煊、熊卓云、米庆云：《解放前成都的扬州妓女》，《龙门阵》1988年第5期，总第47期，第56～65页。

徐式文：《青羊宫外骗神仙》，《龙门阵》1983年第4期，总第16期，第95～99页。

消失的古城

徐心余：《蜀游闻见录》，成都，四川人民出版社，1985年。

薛绍铭：《黔滇川旅行记》，重庆，重庆出版社，1936年初版，1986年再版。

杨槐：《神童子与满天飞》，《龙门阵》1982年第1期，总第7期，第65~70页。

杨武能、邱沛篁（主编）：《成都大词典》，成都，四川辞书出版社，1995年。

杨燮（六对山人）：《锦城竹枝词百首》，载林孔翼（编）《成都竹枝词》，第42~59页。

姚蒸民：《成都风情》，《四川文献》1971年第5期，总第105期，第17~21页。

叶春凯：《解放前成都棺材铺一条街》，《龙门阵》1996年第1期，总第91期，第96~101页。

易君左：《锦城七日记》，载《川康游踪》，中国旅行社，1943年，第177~210页。

苑罕：《市声琐记》，《龙门阵》1992年第4期，总第70期，第108~11页。

《渝报》，1898年。

韵陶：《四川哥老会的内容大纲》，《时事周报》，第4年第15期，第15~16页；第4年第17期，第15页，1933年。

张达夫：《高把戏》，载《成都风物》第 1 集，1981 年，第 109～112 页。

张放：《川土随笔》，《龙门阵》1995 年第 3 期，总第 87 期，第 95～98 页。

张集馨：《道咸宦海见闻录》，北京，中华书局，1981 年。

张秀熟：《五四运动在四川的回忆》，载《五四运动回忆录》第 2 册，北京，中国社会科学出版社，1959 年初版，1979 年再版，第 868～887 页。

张学君、张莉红：《成都城市史》，成都，成都出版社，1993 年。

《赵尔巽档案》，北京，中国第一历史档案馆，案卷507，1909 年。

正云：《一副对联的妙用》，载《成都风物》第 1 集，1981 年，第 82～83 页。

郑蕴侠、家恕：《旧时江湖》，《龙门阵》1989 年第 3 期，总第 51 期，第 1～11 页；第 4 期，总第 52 期，第 25～37 页；第 5 期，总第 53 期，第 69～79 页。

钟士秀：《读〈同志会日报〉有感竹枝词》，载《四川保路同志会报告》，第 25 号，1911 年。

钟茂煊：《刘师亮外传》，成都，四川人民出版社，1984 年。

消失的古城

周传儒:《四川省》，上海，上海印书馆，1926 年。

周善培:《辛亥四川争路亲历记》，重庆，重庆人民出版社，1957 年。

周询: 《芙蓉话旧录》，成都，四川人民出版社，1936 年初版，1987 年重印。

周止颖:《新成都》，成都，复兴书局，1943 年。

周止颖、高思伯:《成都的早期话剧活动》，载《四川文史资料选辑》第 36 辑，1987 年，第 53～65 页。

Bird, Isabella. 1987 ［1899］. *The Yangtze Valley and Beyond: An Account of Journeys in China, Chiefly in the Province of Sze Chuan and Among the Man-sze of the Somo Territory.* First published by John Murray in 1899. Reprinted by Beacon Press, 1987.

Brace, Brockman (ed.). 1974a. *Canadian School in West China.* Published for the Canadian School Alumni Association.

Brace, Brockman. 1974b. "Kites," 225 – 227, in Brace (ed.), 1974.

Cunningham, Alfred. 1895. *History of the Szechuen Riots (May – June, 1895).* Shanghai: Shanghai Mercury Office.

Davidson, Robert J. and Isaac Mason. 1905. *Life in West*

China: *Described By Two Residents in the Province of Sz-chwan*. London: Headley Brothers.

Duara, Prasenjit. 1988a. *Culture, Power, and the State: Rural North China, 1900 – 1942*. Stanford: Stanford University Press.

Fortune, Robert. 1853. *Two Visits to the Tea Countries of China*. 2 vols. London: John Murray.

Geil, William Edgar. 1911. *Eighteen Capitals of China*. Philadelphia & London: J. B. Lippincott Company.

Graham, David C. 1927. "Religion in Szechuan Province." Unpublished dissertation. Chicago: University of Chicago.

Grainger, A. 1917a. "Chinese New Year Customs," WCMN 1: 5 – 11.

Grainger, A. 1917b. "Chinese Festivals," WCMN 4: 5 – 12.

Grainger, A. 1917c. "Various Superstitious," WCMN 9: 10 – 15; 11: 9 – 15.

Grainger, A. 1918a. "Street Preaching, etc. ," WCMN4: 5 – 13.

Grainger, A. 1918b. "Popular Customs in West China," WCMN 6: 5 – 8.

消失的古城

Hartwell, G. E. 1921. "Reminiscences of Chengdu," WCMN 8 & 9: 5 –27.

Hubbard, George D. 1923. *The Geographic Setting of Chengdu*. Oberlin: Oberlin College.

Liao T'ai-ch'u. 1947. "The Ko Lao Hui in Szechuan." *Pacific Affairs* XX (June): 161 – 173.

Polo, Marco. 1961 [1271 – 1295] . *The Travels of Marco Polo*. New York: New American Library.

Sewell, William G. 1971. *The People of Wheelbarrow Lane*. South Brunswick and New York: A. S. Barnes and Company.

Sewell, William G. 1986. *The Dragon's Backbone: Portraits of Chengdu People in the* 1920's. Drawings by Yu Zidan. York: William Sessions Limited.

Storch, Robert D. 1982b. "Introduction: Persistence and Change in Nineteenth – Century Popular Culture," 1 – 19 in Storch 1982a.

Strand, David. 1989. *Rickshaw Beijing: City People and Politics in the* 1920s. Berkeley and Los Angles: University of California Press.

Torrance, Rev. T. 1916. "The History of the Chengtu Wall," WCMN 10: 14 – 19.

Vale, J. 1904. "Sz – Chuan Police Force," WCMN 3: 56 – 59; 4: 82 – 86; 5: 106 – 111; 6: 125 – 127.

Vale, J. 1906. "The Small Trader of Szchuan," WCMN 10: 237 – 238; 11: 255 – 262.

Vale, J. 1907. "Beggar Life in Chentu," WCMN 4: 8 – 11; 7: 7 – 10: 9: 6 – 7; 10: 7 – 11.

Vale, J. 1914. "The Art of the Startler," WCMN2: 28 – 30; 3: 28 – 30; 8: 12 – 14.

Wallace, Edward W. 1903 and 1907. *The Heart of Sz – Chuan.* Toronto: Methodist Mission Rooms. Two editions.

Walmsley, Lewis. 1974. "Szechuan – That Green & Pleasant Land," 1 – 8 in Brace (ed.), 1974.

Wang, Di. 1998a. "Street Culture: Public Space and Urban Commoners in Late – Qing Chengdu." *Modern China* 24. 1: 34 – 72.

Wang, Di. 1998b. "Street Culture: Public Space, Urban Commoners, and Local Politics in Chengdu, 1875 – 1928." Ph. D. diss. , Johns Hopkins University.

Wang, Di. 1999. "The Rhythm of the City: Bamboo – Branch Poetry and Public Life in Late – Qing Chengdu." *Late Imperial China*, 22. 1 (June 2003): 33 – 78.

Wang, Di. 2000. "The Idle and the Busy: Teahouses

and Public Life in Early Twentieth – Century Chengdu. " *Journal of Urban History* 26. 4: 411 – 437.

Wang, Di. 2003. *Street Culture in Chengdu: Public Space, Urban Commoners, and Local Politics*, 1870 – 1930. Stanford: Stanford University Press.

West China Missionary News (WCMN). 1899 – 1943. Chongqing and Chengdu.

Wilson, Ernest H. 1929. *China: Mother of Gardens.* Boston: The Stratford Company.

Yeh, Wen-hsin. 1995. "Corporate Space, Communal Time: Everyday Life in Shanghai's Bank of China. " *American Historical Review* 100. 1: 97 – 116.

Yerkovich, Sally. 1977. "Gossiping as a Way of Speaking. " *Journal of Communication* 27. 1: 192 – 196.

遅塚麗水『新入蜀記』東京、大阪屋號書店、1926 年。
筧文生『成都重慶物語』東京、集英社、1987 年。
神田正雄『西清事情』東京、農事雑報社、1905 年。
神田正雄『四川省綜覧』東京、海外社、1936 年。
井上红梅『支那風俗』東京、日本堂、1921 年。
内藤利信『住んでみた成都—蜀の国に見る中国の日常生活』東京、サイマル出版会、1991 年。

中村作治郎『支那漫遊談』東京、切思會、1899 年。

西澤治彦「飲茶の話」『GSたのしい知識』第 3 巻、東京、冬樹社、1985 年、第 242 ~ 253 頁。

西澤治彦「現代中国の茶館—四川省成都の事例から—」『風俗』1988 年第 4 期、卷 26、第 50 ~ 63 頁。

鈴木智夫「清末江浙の茶館について」『歴史における民衆と文化—酒井忠夫先生古稀祝賀記念論集』東京、国書刊行会、1982 年、第 529 ~ 540 頁。

竹内実『茶館—中国の風土と世界像』東京、大修館書店、1974 年。

東亜同文会『支那省別全誌』第 5 巻『四川省』東京、東亜同文会、1917 年。

東亜同文会『新修支那省別全誌』第 1 ~ 2 巻『四川省』東京、東亜同文会、1941 年。

山川早水『巴蜀』東京、成文館、1909 年。

米内山庸夫『雲南四川踏査記』東京、改造社、1940 年。

图书在版编目（CIP）数据

消失的古城：清末民初成都的日常生活记忆／王笛
著 . -- 北京：社会科学文献出版社，2019.3（2024.1 重印）
　ISBN 978 - 7 - 5201 - 3423 - 1

　Ⅰ.①消…　Ⅱ.①王…　Ⅲ.①古城 - 介绍 - 成都 - 近
代　Ⅳ.①K928.5

　中国版本图书馆 CIP 数据核字（2018）第 209903 号

消失的古城

——清末民初成都的日常生活记忆

著　　者／王　笛

出 版 人／冀祥德
项目统筹／董风云
责任编辑／张　骋
责任印制／王京美

出　　版／社会科学文献出版社·甲骨文工作室（分社）（010）59366527
　　　　　地址：北京市北三环中路甲 29 号院华龙大厦　邮编：100029
　　　　　网址：www.ssap.com.cn
发　　行／社会科学文献出版社（010）59367028
印　　装／三河市东方印刷有限公司

规　　格／开　本：889mm×1194mm　1/32
　　　　　印　张：13.125　插　页：0.375　字　数：235 千字
版　　次／2019 年 3 月第 1 版　2024 年 1 月第 5 次印刷
书　　号／ISBN 978 - 7 - 5201 - 3423 - 1
定　　价／69.00 元

读者服务电话：4008918866